張濼 著

給孩子說一句
有能量的説話

85個溝通對話陪你講

7～14歲

萬里機構

孩子一生的成就
還看爸媽怎樣培養

　　這本書的出版，還要感謝本書的編輯寧老師。早幾年，我和寧老師相識，她得知我的課程有親子部分，也知曉我一直在做家庭關係、孩子成長、考試應對等方面的心理諮詢，於是我們相約暢談過多次。去年秋高氣爽之時，疫情得到有效的控制，我們再次見面，便有了出版這本書的想法。

　　疫情期間，我接到不少個案，其中大部分與孩子的學習態度有關，這些問題令家長幾近崩潰。在生活中，我的家人、朋友的身邊，無不觸及孩子的培養和教育等問題。我在企業和不同機構的講課或培訓中，或講課之餘延伸出來的個人諮詢，基本上都與家長、親子關係和孩子成長有關。

　　家長對孩子有很多的期望，而這些期望大多是家長自己未能完成的，或者我們已經做到，但生怕在孩子這裏丟失。但父母的期望，似乎總不能在孩子身上獲得滿足，不僅如此，孩子還會令期待滿滿的父母跌入失落，甚至痛苦的深淵。誰之錯？其實誰也沒錯！家長和孩子都有自己的理由，每個人的理由在他自己來說都是對的。只不過，他們是兩代人從時間和空間上錯配了位置。

我自己也是一個母親，在孩子的幼兒期和少年期，同樣面對許多親子問題。但那時，我有幸進入心理學的領域，並將所學應用於生活中；我在心理學的滋養中成長，也把這份滋養滲透給家中和身邊的每一個人。記得有一年，即將大學畢業的孩子和我閒聊：「媽，我怎麼沒有青春期的反叛？」、「我覺得自己比別人幸福，有點不好意思。」是啊！一個讓孩子無處「反叛」的媽媽，是否有些另類呢？正如書中所講，孩子的反叛，不是孩子的反叛，而是父母反叛孩子的成長。

　　本書選取的 85 個難題是針對 7~14 歲孩子的家長普遍關心的問題，它們常常出現在我的個案諮詢中。本書之所以從這些問題入手，主要目的就是希望能夠給予讀者一些實際的建議，以便大家在問題發生時跳出理論仍能有法可循，為在困惑中的家長和孩子打開一扇透氣的窗戶。

　　書中特設「有能量的說話」一欄，旨在拋磚引玉，有些話語可以直接引用，有些則體現在方向上的指引。在孩子的成長路上，父母的言行才是孩子學習的資本，而父母不可能做齊所有的榜樣，但父母的價值觀和人生觀卻是孩子一生的指標。在本書寫作的過程中，因為內容涉及的範疇廣泛，難免因個人能力有限，未能做到周全，但力求實用，希望有機會能和爸爸媽媽們一起來做更多的探討。

5

張濮

目錄

第 1 章
動力篇

督促學習這樣説，
輕鬆啟動孩子的推動力。

幫孩子融入校園生活，
增加「定心丸」是關鍵。

第 3 章

社交篇

想孩子朋友多，
先給予足夠的社交自信心。

第 4 章

關愛篇

父母學會表達愛，
孩子走到哪裏都充滿力量。

第 ⑤ 章

自理篇

孩子自我管理能力強，
是在向父母口中優秀的自我
作認同。

第 ⑥ 章
修養篇

高質素的孩子人人愛，
積極正面的心理不可少。

第 **7** 章

價值篇

自我意識的高峰期，
給孩子更高的自我價值觀。

第 **8** 章

溝通篇

當家長改變説話的方式，
孩子的問題便迎刃而解。

動力篇

督促學習這樣說，輕鬆
啟動孩子的推動力。

為甚麼每天都要上學？

當孩子問你：「為甚麼每天都要上學？」的時候，往往可以分為兩個角度來看待這個問題。

提問是想引起家長的關注

一方面，孩子在與上學相關的活動中得到一些負面資訊，從而引起孩子本能的逃避心理，這個資訊可能來自學校、上下課的路上、做功課時的困難，或者只是重複生活等「痛苦」的體驗。另一方面，孩子產生「為甚麼」的疑問，可能不是因為「上學」這個活動本身發生了甚麼，而是由於其中的經歷不能滿足孩子相關的心理需求。換言之，相較於「上學」，孩子有更渴望參與的活動。

對於孩子來講，不上學可能更接近於趨利避害中的「利」。孩子這樣的起問就像成年人問「為甚麼要上班？」一樣，需要一個強而有力的說服條件。但孩子的疑問未必真的是想家長提供答案，孩子是想通過提問，引起家長的關注，或者想告訴你一些事卻不知如何開口，就變成了一個「終極問題」——「為甚麼要上學？」

變主動為被動

問題本身不是問題，為甚麼問這個問題才是問題呢？當家長面對孩子提出「我為甚麼每天要上學？」時，不必驚慌。只要想一想孩子為甚麼會問這個問題，然後去了解就可以。家長可以反問：「咦，我很好奇你怎麼會想到問這個問題？」或「發生了甚麼讓你會這樣問呢？」從而引出孩子自己的解釋。也可以回應：「嗯，你這個問題問得好！」先肯定，繼而可以說「讓你產生這種思考的原因是甚麼呢？」或「發生了甚麼，讓你這樣想呢？」這樣提問，都是站在一個不把問題當「問題」的角度，亦是一個尊重孩子「可以有疑問」的角度，更是一個對孩子成長中出現這樣和那樣「狀況」很包容的角度。

別把擔心「投射」在孩子身上

家長對孩子提出的問題之所以會緊張，是基於家長自己的成長經歷和負面經驗，或者是家長自己的擔心，家長會把自己的擔心「投射」到孩子身上。家長「恐懼」的是甚麼呢？多是我們無法滿足的願望，比如「不上學將來就考不上大學，考不上大學就找不到好工作，找不到好工作就要靠父母來養活，而我真的不敢保證我可以養你一世……」

孩子對於家長的焦慮是非常敏感的，當家長對自己的焦慮減少了，那麼應對孩子成長中出現的「突發狀況」時也就沒有那麼緊張了。孩子提問，家長都可以反問：「咦！你怎麼想到問這個問題」，變被動為主動，自如應對孩子各種「刁鑽古怪」的問題，「兵來將擋，水來土掩」，並引發孩子的思考，從而做個智慧家長。

有能量的説話

在面對孩子問：「**為甚麼每天都要上學？**」，可以回應：

「你這個問題問得好！讓你有這種思考的原因是甚麼呢？」

「發生了甚麼，讓你這樣想呢？」

02 孩子做功課總是不專心

孩子做功課總是邊寫邊玩、拖拖拉拉，是大部分家長都遇過的問題。這一般都是因為孩子的心神不定，我們可以從以下幾個角度來看看。

不想錯過好東西

　　孩子不能夠或潛意識中不敢投入眼前的事，他或許擔心一旦進入一個專心的狀態，就會有不好的事情發生。比如大人不見了，尤其是媽媽不見了，哪怕媽媽只是出去買菜，這也讓他恐慌；或者家裏出現了甚麼新奇有趣的事讓他錯過。有些家庭成員比較多，這個來了、那個走了，這個帶來了甚麼好吃和好玩的、那個甚麼時候忽然就出門，這樣紛繁的家庭景象，讓孩子覺得有趣；但孩子一旦進入一個專心做功課的狀態，家長還可能關上孩子的房門，房門外面的世界讓他惦記卻又不能參與，心怎麼能安定下來呢？

　　孩子那麼不喜歡眼前的功課，因為他曾在做功課這件事上受過挫折，留有不愉快的記憶。孩子只要在某件事上受過挫折，就會留有心理陰影；而這個受挫，有可能來自老師的批評、同學間的競爭比較、家長的斥責等。

第 1 章 · 動力篇

19

還沒學會又如何去做

上小學對孩子來講，從幼兒園的小朋友成為一名小學生，把它稱為「人生的第一次質變」。當孩子還沒有學會適應這個質變，他還沒有學會如何更好地聽講和如何記筆記，更沒有學會如何做功課。可是他又不能問，一問，家長就斥責他。他想寫，因為至少他還坐在書桌前。但他真有許多的疑問在心裏，寫也不是，不寫也不是。

我輔導過一個媽媽，她的兒子看圖作文不合格，老師經常要求「見家長」。我了解一下情況後就告訴她：「孩子不是一開始就會看圖作文的，都需要有一個訓練的過程。但更重要的是讓孩子覺得有安寧的心和環境。你可以坐在大椅子上，讓孩子坐在你的前面，你們共坐一張椅子，孩子小小的身軀靠着你，他覺得安心。然後你用手把着他的小手，帶他一起看圖上有甚麼，比如有小貓、小魚，然後再看小貓在幹甚麼……一邊帶孩子看到這些，一邊寫下來。」

媽媽問：「這麼複雜呀！那孩子從此就依賴我？」我說，你把着他的手引導他，但每個生命都是要自主的，他頂多讓你把一個星期，就不要你的「束縛」了。結果，這個媽媽剛帶孩子這樣做，不到半分鐘，孩子馬上掙脫媽媽的手說：「我知道了，我自己來」，於是在第二天的作業評分中，老師給他 100分。老師都驚訝，以為是媽媽代寫。從此，這個孩子在寫作方面完全是優異生了。

孩子從小被讚聰明

有些孩子反應快，從小就被讚聰明，這樣的孩子內心多是

驕傲。他要保持其「聰明」的稱號，就要各方面都體現出來，但學習並非全靠那靈光一閃的聰明就可以做得優秀。那麼，一個聰明人，如果他專心做功課而又沒寫好寫對，被老師批評，他就會覺得自己不聰明，不聰明就代表失敗，那不如根本就不用功、不認真，而不是不聰明。所以，這時候我們該體諒孩子的「左右為難」，可以告訴他：「如果聰明再加上用心（不要説用功，因為「用功」二字會讓孩子不知道怎麼才算用功，但用心是很清楚的），遇到不明白的可以問爸媽，這樣你會越來越棒（「越來越棒」表明你本來就棒，這樣一來你就會棒上加棒）。

案例分析

長開房門對孩子造成心理壓力

有一個一年級的男孩，因為剛上學成績不符合爸媽的要求，而他的爸媽覺得孩子需要監督，就拆掉孩子房間的門，結果孩子的成績越來越差。父母帶他尋求心理輔導；孩子告訴老師，他覺得沒有門特別害怕，總覺得有甚麼東西會突然襲擊他。老師和孩子的父母溝通後，父母才了解到此事的危害，於是把房門安裝回去。並且改善了對孩子的態度，孩子的成績很快就得到恢復，並且有提升。

孩子的世界不是成年人所想般簡單。從出生到長大，孩子的心路歷程是父母想像不到的。我經常在課上問一些成年人，你們還記得小時候的事嗎？還記得孩童時經歷過的事情嗎？許多人都説忘了。而我，小時候每一段我

都記得，我會用當時的感受來體會孩子的感受。希望做家長的可以把自己降低到你孩子現在的年齡來和他對話，給予安全感。心，安定了，孩子才能專心學習。

有能量的說話

孩子做功課總是不專心。可以回應：

> 「你安安靜靜、踏踏實實做功課，媽媽就在廚房做飯。你需要媽媽的時候叫我一聲，我都在。」

> 「沒關係，多練習幾次就會好。」

> 「每個人都要耐心練習很多次才能做好做對的，媽媽相信你會很棒的！」

03 孩子總是玩到很晚才開始做功課

孩子因貪玩而遲遲不去做功課，這在任何年齡的孩子身上都有可能發生，尤以小學生為甚。孩子放學回家後總是坐不住、靜不下；但功課這麼多，再不趕快做，就會拖到很晚。大人難免疲累，情緒受影響；久而久之，家庭氛圍和彼此的身心都受影響，孩子的成績沒改善。家長着急且疲憊不堪，對孩子無計可施；孩子愈發不能以好的狀態來學習。

孩子過早要去學習

面對孩子晚上「打仗」的現象，家長首先要知道這不只是自己家的特殊情況，而是社會的普遍現象。一般來說，家長都怕孩子輸在起跑線，提早把孩子推到競爭的跑道上，讓孩子過早進入知識的學習中。殊不知，孩子早期的遊戲就是最好的學習和訓練，而這種學習和訓練本應是隨着孩子生命成長的節奏而來，而不是為了孩子之間的比賽、家長之間的比較。

每種現象的背後，原因都不是單方面，一定有家長和孩子雙方的原因。在家庭教育中，這些現象的起因都是孩子從出生到成長的過程中，孩子的需求和滿足家長的方式的錯位所帶來。

第1章 · 動力篇

忽略了孩子的自主需求

在孩子總是玩到很晚才開始做功課的時候，家長可以在情緒產生之初，先給自己一個停頓，思考一下，再看如何應對孩子。首先有兩個方向的思考：第一，是不想結束玩。孩子還未玩痛快，一直是一邊玩一邊聽家長的嘮叨，還是玩得太盡興，以至無法停止呢？第二，是不想開始做功課。孩子是一直都不喜歡做功課，還是面對這次的功課感到為難呢？家長分析了原因後，就可以開啟和孩子的對話。

針對孩子的情況，家長可以說：「我知道你玩起來很開心，但是功課也要完成，你打算怎麼安排時間？」、「媽媽需要你晚上 10 點上床睡覺，現在是 6 點，你有 4 個小時，你自己評估一下做功課要幾點到幾點；告訴媽媽，這個時間就給你自己安排。」這樣，孩子知道安排時間這件事是可以自己控制的，他的自主性就被激發出來；而在孩子身體成長的過程中，也是他內在的自主需求不斷成長的過程。家長通常都會把孩子這種需求忽略或壓制，覺得孩子不管就不行，結果一個想往上長，一個拼命往下壓，這樣不打架才怪！

尋求父母更多的關注

孩子知道自己做功課的時候，父母不在旁邊「監督」，就會很安心。況且他玩的時候，爸媽還可以被他帶領，又陪着他，孩子就會覺得開心。因為很多孩子都會有「爸爸媽媽你們陪我玩一陣吧」這要求，而這時很多家長都會說「你自己玩，爸爸媽媽還有事忙」。

要思考的是，孩子行為背後的需求是甚麼？是否孩子有尋求關注的意願，而家長一般都在忙自己的事，忽略了孩子呢？當孩子想獲得父母關注的願望得不到滿足，他就會以行動和父母對抗。你想讓我怎樣我偏不怎樣，你不想我怎樣我偏要怎樣。這樣就會讓父母在和他周旋的過程中，獲得父母更多的關注。

對做功課感到恐懼

孩子對做功課感到恐懼，這個恐懼或源於孩子還沒有學會如何去做，又不敢問爸媽；或源於父母的批評和催促等。這時，家長可以對孩子說：「學習功課就是需要好幾遍才能記住，沒關係，多做幾遍就會得心應手。如果需要爸媽陪你學習，你就叫我們啊！」

家長還要着重對孩子講：「你看你做功課需要幾十分鐘啊？那這個時間你就把門關好，給自己一個安靜的環境專心去做，需要時就叫我們吧。」這樣說可以給孩子以安全感和自我控制感，很多孩了不能專心做功課，都是怕家長隨時推門進來，那時可能他正在玩，然後就會招來一頓斥責，甚至引發父母之間的「戰爭」。那時的孩子大腦是一片空白，情緒非常緊張。有心理學家給孩子做過腦電波實驗，當父母吵架或大聲斥責他時，他大腦和血液中的各種激素水平飆升，久而久之，孩子的心理狀態和大腦的發育都會受影響。

貪玩是因為玩不夠

家長習慣把「玩」賦予許多學習的意義，孩子的「玩」被限制，不是單純的開心，要承擔父母對他「玩的成就」的期待，他無法玩得輕鬆；上學後，他會在有能力讓自己玩的時候，去彌補曾經的缺失。可是，這個補缺又不被家長接受，家長不認為孩子小時候沒玩夠，而是看到眼前孩子在玩，於是就不能接受。孩子不敢明目張膽去彌補「玩」這一課，他就會想辦法在行動上給自己補回來，比如磨蹭着不去做功課，或者一邊做功課一邊玩。

如果孩子希望得到陪伴，家長應該盡量找機會陪孩子。在和孩子相處的過程中，家長可以適當地帶孩子了解各種文化知識，讓孩子意識到學習文化知識原來這麼有用。

有能量的說話

孩子總是玩到很晚才開始做功課。可以回應：

> 「我知道你玩起來很開心，但是功課也要完成，你打算怎麼安排時間？」

> 「媽媽需要你晚上 10 點上床睡覺，現在是 6 點，你有 4 個小時的時間，你自己評估做功課要幾點到幾點，告訴媽媽，那這個時間就給你自己安排。」

> 「媽媽（爸爸）知道你想讓我們多陪你，我把手上在做的事情（事情具體一些）做完就陪你玩，大概需要一個小時，這個時間你能做完你的功課嗎？」

> 「如果需要媽媽或爸爸陪你學習，你就叫我們啊！」

04 孩子做功課敷衍了事

有家長問：「我的孩子為了能夠早點玩，把做功課當差事，不認真、鬼畫符，怎麼辦？」對於孩子做功課拖拖拉拉，已經是很普遍的現象，各類專家和不同媒體都在談論如何讓孩子改掉不做功課的壞習慣。但是，孩子做功課的問題依然無法得到根本的解決。

管得愈多，孩子的自主性愈小

孩子的問題從不會簡單地從孩子身上找原因，因為孩子的問題是家長和孩子互動中產生的。有否想過，家長管得愈多，孩子的自主自覺性就愈小；家長管得愈少，孩子本身向着目標前進的自覺和自主性就得到發展。面對孩子懶散的狀態，家長可以先靜下心來，定睛看看眼前的孩子；看看今天他的身上有沒有好的地方？這種觀察就是心理學所講的「積極關注」，即關注人的積極面。

比如，孩子今天回家衣服很乾淨，可以表揚：「你今天的衣服很乾淨啊！看來你在學校過得很平靜啊！」又如，看孩子在做功課，不管他拖拉不拖拉，你只要對他說：「今天你好自覺，早早坐在枱前做功課。你可以把門關好，免得我吵到你。吃飯時，我來敲門。」但之後千萬不要說「不許怎樣怎樣」，因為你愈說，孩子就會愈成為你說的不許的樣子。

第1章・動力篇

早上上學，下午回家，都只關心孩子過得開不開心，而不做任何督促、催促和質問的話，更沒有指責、斥責、批評；你會看到孩子從第一天疑惑不真實的眼神，到平靜淡定的眼神，孩子在家做功課的狀態慢慢就會好起來。假如你真的愛你的孩子，就給自己和孩子時間，你能做到上述的建議，孩子就會改變。

有能量的說話

孩子做功課敷衍了事。可以回應：

> 「媽媽看到你今天放學回來心情不錯啊！願意和媽媽分享嗎？」

> 「如果你要做功課，就告訴媽媽，媽媽就不打擾你了。」

> 「你今天這部分功課寫的非常認真、工整，這麼棒！你怎麼做到的呀？」

> 「我發現你今天做功課的狀態特別專心安靜，是不是心裏很開心啊？」

心理小知識

美國心理學家羅森塔爾和雅克布森在智力測驗中發現，教師的期望會傳遞給被期望的學生並產生鼓勵效應，使學生朝着教師期望的方向變化。「皮格馬利翁效應」提醒我們，無論是教師、家長還是其他人，對於受教育者充滿信心，相信他們能發展得更好是很重要的。

05 孩子回家就打機

很多家長都會反映：「孩子打機很專注，一到學習就坐不定，很分心。」這個現象的普遍性幾乎讓心理學家的每一個案，看起來似乎都是出於同一個家庭的孩子。

管教苛刻令孩子有心理壓力

傑仔是一個小學三年級男孩，孩子疫情期間在家上線學習，媽媽和爸爸都去上班。媽媽的同事，只要家裏有需要學習的孩子，幾乎都在家安裝攝錄鏡頭，傑仔的媽媽也如法炮製，在孩子的書桌上方安裝攝錄鏡頭；結果，一邊上班一邊抽空看孩子在做甚麼。不看沒事，一看，媽媽的情緒便崩潰，因為孩子幾乎一直在電腦前打機，上線課根本不聽，累了就躺在床上吃零食。

這一天，直到媽媽回家，甚麼與學習有關的事傑仔都沒有做，老師就要求家長督促孩子做功課。表面看，這是孩子的問題，但細細詢問才發現，這個媽媽對傑仔要求極其嚴格，她要求傑仔從晚上刷牙洗臉、上床睡覺、早上起床、穿衣、吃早餐，所有的事都要定時定點、自覺完成。要求孩子必須把自己的房間收拾乾淨；媽媽每天下班回家，主要就是盯着孩子做功課，晚飯幾乎都是買外賣，而爸爸幾乎天天加班，回來主要是聽媽媽抱怨孩子的種種不聽話。孩子每天都生活在一個沒有歡

樂，只有抱怨的家庭氛圍中。爸爸媽媽也關心孩子，但關心的方式就是語重心長地和孩子嚴肅談話嗎？

一個約 9 歲的孩子，怎麼看都像是父母把他當成了各方面要自立的青年。我問傑仔的父母，怎麼那麼「狠心」讓孩子承擔那麼多呢？

有效管好孩子的 3 大方法

通過兩個月持續的諮詢，媽媽了解到她對孩子的過於苛刻，是造成孩子心理壓力過大的根源。媽媽漸漸調整了對孩子的態度，盡量控制自己的急躁。改善自己對孩子的「管理」方法。

(1) 拆掉攝錄鏡頭。告訴孩子：「媽媽覺得安裝攝錄鏡頭是對你不信任的做法，媽媽以後希望給你自由的空間，相信你會安排好你的學習和玩遊戲的時間」。孩子聽到以後，帶着懷疑和不相信的神情看着媽媽沒說話。但當晚，孩子主動去刷牙了，並且刷得很認真。

(2) 不問孩子的學習情況和完成功課了沒有。媽媽回家後只是把兒子叫過來，擁抱孩子問：「今天在家開心嗎？」，然後給孩子講一些今天上班和路上的見聞。這位媽媽觀察到孩子在剛開始這樣做的幾天，神態都是很不自然；彷彿在問：「媽媽怎麼和以前不同」，但這位媽媽堅持了幾天後，開始看到孩子終於自己去做功課了。

(3) 不再盯着孩子做功課。媽媽把時間用來煮飯，並且每天都會問孩子：「晚飯想吃甚麼呀？媽媽做好飯叫你啊」。這位媽媽發現，這樣做以後，孩子的爸爸也開始在飯做好前的一刻回到家，她覺得自己的生活質量也提高了。

家庭是一個「動力鏈條」

　　這位媽媽的改變還在繼續，家庭的積極變化也跟着起作用，孩子對學習變得主動，開始自覺做功課。雖然孩子時有做功課沒完成的情況，但這位媽媽努力克制自己的情緒，裝作看不見，只是每晚 10 點便提醒孩子早點睡覺。孩子的爸爸則負責每晚檢查孩子的功課，並陪伴孩子閒聊一會。家庭是一個「動力鏈條」，一個人的一點改變，就可以帶來其他家庭成員的改變。

　　孩子沉迷遊戲，可能是因為他被家長控制得過於嚴苛，沒有自主的空間，沒有主動學習的動力，是因為孩子覺得學習不是為了自己長本事，而是在滿足父母的需要。他沒有一個覺得輕鬆舒適的家庭氛圍，所以抗拒，而孩子能夠讓自己還覺得可以控制的，只有自己的身體；既然他無所適從，於是就乾脆躲在遊戲中把自己廢掉算了。反正，孩子認為自己無法滿足父母的要求，而且遊戲可以滿足他的自我存在感、自我價值感、自我成就感等。

06 孩子測驗成績不夠好

其實每個孩子都擔心父母問自己的測驗成績，因為成績好的，父母會高興、會獎勵，但別以為孩子成績好就可以高枕無憂。誰想到，父母會「得寸進尺」要求下次成績更好。假如得了第一名，還要費力保持，擔心稍不留神，退後到第二名，甚至更後，那麼曾經的好成績帶來的驕傲反而成了負擔；所以有些孩子在不堪重負下，乾脆「躺倒不幹」，不好好學習。

父母的焦慮會在孩子身上放大

在現代社會競爭激烈的狀況下，許多家長在焦慮之中都無法「獨善其身」，也不敢不問成績，先關注孩子的心理狀態。因為孩子成長只有一次，沒有重寫、沒有修改的機會，誰也不敢放鬆而造成遺憾。可是，孩子就是孩子，他的心智還沒有成熟到可以自己控制自己，他會受到父母的影響；父母的焦慮，在孩子身上會變大、會變強。頂着學習成績排名這樣一個伴隨全家人的焦慮與壓力的孩子，他無法為自己學習，無法在學習中找到樂趣，只覺得這是在完成家長的任務。

從心理學上看，每個孩子都忠於父母；但當他想滿足父母卻無能為力時，就會不知所措；於是孩子就會出現專注力不足、記憶力不足、理解力不足等問題，甚至會生病，讓自己「躲」在病中把學不好「合理化」。

避免孩子和別人比較

假如孩子回家後，遲遲沒有告訴你他的考試成績，作為父母最好忽略你的期待，閒聊把關注點放在孩子回家後是否肚餓、今天在學校是否開心等話題。家長可以等孩子自己講出考了多少分，然後，你對他說一句「哇！考了這麼多分啊！你掌握了不少知識啦！」。

也許孩子會說：「我考得不好，才得 60 分。」這時你可以說：「60 分，證明你已掌握考試內容的 60%！學習的東西多了，你能掌握的東西也就越來越多。」或許，孩子會說：「我許多都沒記住，才沒考好。」你可以回應：「這次沒記住，下次考試就知道哪些可以再記一次啦！」這樣說是讓孩子把考試成績當成平常事，讓他覺得學習本身比成績更重要；讓他可以關注自己學到多少而不是和別人比較。

案例分析

孩子學前可以玩個痛快嗎？

記得一位心理學家，他在教育孩子的問題上頗有心得。這位心理學家的孩子在上小學之前，他不讓孩子參加所有的學前課，只是讓孩子盡情玩。同時，他也給其他的家庭成員，像孩子的爺爺嫲嫲和公公婆婆做心理準備，也承擔教育風險，就是假如不給孩子上學前教育，萬一孩子上學跟不上受打擊怎麼辦？萬一心理學的理論在實踐中失敗怎麼辦？但他還是堅持實踐。

當孩子上小學，其他孩子都已經認識了許多字、會算數字、會讀英語，自己的孩子卻是「大字不識」。孩子回來就告訴家長，今天認識了幾個字，可是別的同學都一早學會了，覺

得很委屈。這位心理學家就安慰孩子說：「你的同學在你玩的時候就已經學習，所以他們現在學會很多；但你現在每天多學會一點，每天都在進步，等一段時間，就可以追上他們；因為他們學的和你一樣。」孩子聽了以後，安心地每天跟着課本的進度學習，不問成績、不去比較，漸漸孩子的成績慢慢趕上。

◢◣ 引用這個案例並非讓大家去照搬，普通家長無法像這位心理學家一樣頂着壓力跳出社會性焦慮，但可以把它作為一個參考，讓自己從過度焦慮中冷靜下來。

有能量的說話

孩子測驗成績不夠好。可以回應：

💬 「是測驗（考試）成績出來了嗎？你的心情好嗎？」

💬 「哦，你不開心，是覺得自己這次馬虎了？」

💬 「哇！考了這麼多分啊！看起來你掌握了不少知識啦！」

💬 「這次沒記住，下次考試就知道哪些可以再記一次，沒有誰可以一次過把世界上的知識全部都記住！」

心理小知識

父母的肯定和讚許，對孩子的一生都有深遠的影響。父母是我們生命的來源，我們對自己的評價源於父母對我們的評價，我們在意外界的評價，最終也是想拐個彎，讓父母通過外在的評價而看到自己的價值。父母的鼓勵和認可會增加我們的價值感，當自己的價值感增強後，才會覺得自己的學習和努力有意義，才會有學習和進步的動力。

07 孩子遇到問題就說「我不會」

孩子常說「我不會」，不僅是他真的不會時而說，有時他可能明明是會的，或者是可以會的，他也說「我不會」。家長遇到孩子這樣就感到很無奈。

找出「我不會」背後的心理訴求

家長可以想想，孩子對某事說「我不會」，也許他一定可以從中得到好處，這個好處是甚麼呢？說「我不會」，之後就可以不做，不做就不會出錯；說「我不會」，就有人幫忙，可以省卻自己動手；說「我不會」就不用承擔責任；說「我不會」就不用和其他人比較，甚至有孩子抱着「看你拿我怎麼辦」的心態。無論孩子是上述哪種情況，其實都是他對家庭關係的「呼喚」。當我們心理訴求不能或無法通過言語來表達的時候，無論甚麼人都會想辦法去用自覺適合的方式去表達，而孩子說「我不會」就是一種代表他需求的表達。

第 1 章 · 動力篇

35

心理動力是實現願望的橡筋

　　許多時，孩子的能力是被家長「廢掉」的，而這個「廢掉」，不僅是在孩子的動手能力上，更在孩子的動腦能力上，還會在孩子的心理動力上，「心理動力」可謂是一個人實現願望和目標的「橡筋」。

　　「橡筋」上得太緊會繃斷。人天生的自我保護機制，會讓他有受不了的感覺，比如家長的要求超過了孩子應該承受的年齡或能力範圍，孩子會選擇放棄；「橡筋」上得太鬆，根本就不起作用，也就是家長考量的地方太多，以致孩子沒有動力自己去學習，也沒有動力成長。比如一個小學男孩，在夏令營吃早餐，看到桌上的焓熟雞蛋，他不認識也不會吃，因為他從小就沒見過完整的雞蛋，他吃的不是雞蛋羹、就是炒雞蛋，即使是焓熟雞蛋，也是剝了殼切成小塊的。所以，家長的過度保護就會把孩子的一些功能「廢掉」。

有能量的説話

孩子遇到問題就説「我不會」。可以回應：

> 💬「你不會，沒有關係。爸媽都可以教你，你覺得怎樣教你，你就可以會呢？」

> 💬「媽媽知道你是可以會的，其實你是想讓媽媽多和你在一起，對不對？」

> 💬「你再好好想想，看看想了以後是不是就會了呢？」（如果孩子説「會了」，家長要及時回應「嗯，你真棒！你只要一動腦就會！」）

心理小知識

皮格馬利翁效應（亦稱「羅森塔爾效應」）由美國著名心理學家羅森塔爾和雅格布森在小學教學上予以驗證，指出人心中怎麼想、怎麼相信；你期望甚麼，你就會得到甚麼，你得到的不是你想要的，而是你期待的。只要充滿自信的期待，只要真的相信事情會順利進行，事情一定會順利進行。相反，如果你相信事情會受到阻力，這些阻力就會產生。皮格馬利翁效應告訴我們，當我們懷着對某件事非常強烈期望的時候，我們所期望的結果就會出現，這也被稱為「期待效應」。

第 1 章 · 動力篇

08 孩子學習「偏科」

對於學習，我們都説興趣是最好的老師。不錯，興趣是很好的老師，可是家長發現孩子的興趣會轉移。孩子今天説喜歡鋼琴，便給他報鋼琴班，沒幾天孩子説不學了，想學跆拳道，家長又給他報了，孩子學了幾天又不感興趣。家長在孩子一次又一次折騰中變得失望、焦慮，甚至憤怒，開始替孩子着急。

孩子被遙遠的目標嚇到

孩子自己知道學習中遇到的不快和學習時的不容易，在一步步往前走的時候，家長已經告訴他要登上那個遙遠的、高高的「山峰」，他豈不是會被嚇倒嗎？生活條件都已經很好了，孩子沒條件去「吃苦」，也就沒有能力接受「吃苦」和「刻苦」。當你提前給孩子設定一個遙遠的目標，且告訴他要刻苦才能學得好，想到那個高峰就更加刻苦努力，孩子被「漫漫艱辛長路」嚇倒，反而沒有動力，還可能令他切斷其他的領域。

給孩子以信心的成長方向

孩子的偏科也是一樣，尤其是學歷較高的父母，對孩子會有很高的期望。有一個中國北京航空航天大學研究生的父親，在兒子上學以後，看到孩子在數學上不用功，就批評孩子：

「這麼容易的題目都不會，我在你這麼大的年紀，從來都沒有不會的時候。」這下子，男孩就被一個「很棒」的父親打壓了，男孩從此就在數學上一蹶不振。

遇到類似的情況，作為家長，就要改變對孩子的言語。父親可以說：「兒子，你真棒，這條數學題不容易做，你都做對！我像你這麼大的年紀，也做過類似的題目，我要好幾次以後才能掌握，你比我那時棒！」在成長路上，每當遇到孩子關鍵的學習時期都可以如法炮製，給予孩子信心。

孩子都是忠實於父母

媽媽想讓女兒「青出於藍而勝於藍」，就要給女兒更多的肯定，媽媽在那方面給予女兒肯定，女兒就在那方面有好的發展。一個天天對女兒說自己當年多棒，女兒怎麼都不如自己當年那樣的媽媽，女兒在潛意識中會覺得超越不了媽媽，也會覺得不能超越媽媽，要給媽媽留着那個「媽媽最棒」的感覺；於是，女兒在媽媽強的地方就會發展受阻，這也讓媽媽愈發覺得女兒不行。

在女兒的學業和未來的發展上，父親的角色對她同樣重要。父親對於孩子都是一個未來成人之路的引領，一個對孩子具有高關注的父親，會給予孩子正向力量；反之，就會讓孩子的發展受阻，成為心理障礙。所以，孩子的偏科或許有孩子學習能力的問題，但更多需要家長反問自己是否有上述提及的不良因素。如果有，就要去改變。當然，孩子在某些學科和技藝上有特長，也要保護他的優勢，把特長充分發揮，成就孩子的優勢。

有能量的説話

孩子學習「偏科」。可以回應：

> 「你真棒，我像你這麼大的時候，也做過類似的題目，我要好幾次以後才能掌握，你比我那時更棒！」

> 當孩子在自己不擅長的科目稍微有一點進步的時候，家長可以説：「我發現你某科很有進步啊！看起來你在這科還是很有能力的，只要你想做好。」

心理小知識

精神分析學派的創始人弗洛伊德認為，兒童在性發展的對象選擇時，開始向外界尋求性對象，而這個對象首先是雙親。男孩以母親為選擇對象，女孩則以父親為選擇對象；同時也是由於雙親的刺激加強了這種傾向。這便是由於母親偏愛兒子和父親偏愛女兒所促成。

09 如何鼓勵孩子對抗「考前焦慮綜合症」？

每當考試臨近，都會有一些家長帶着孩子來諮詢。有些孩子在考前兩個月突然失眠，症狀各不相同；有的孩子會生病，不能上學，生的病也不同；有的孩子在第一次和第二次模擬考試時，某一科的考試，腦子一片空白，幾乎不能回答。這樣的案例都是指向「考前焦慮綜合症」，只是反映出來的現象不同而已。

家長對考試抱持平常心

許多孩子從小學一年級就會有考試焦慮的情況，一到考試就會緊張，影響成績的發揮；平時會的，在考試的時候就忘了。還有些孩子平時挺細心的，但一到考試就會看錯題、會錯意、漏題、錯字等。

孩子考試焦慮，通常都是「勝負心」過強。有的家長說「我們也沒給他壓力啊」。乍一聽，這個孩子屬「不須揚鞭自奮蹄」式自覺的孩子；但孩子的壓力感通常是來自早期父母對他的訓練和要求，比如在小時候父母對他的行為、情緒或言語要求比較多，孩子漸漸形成了一個自我約束和追求更高目標的心理，也就是對自己高標準，他要給父母一個最好的自己，以獲得父母的讚揚與肯定。但許多父母都不敢讚孩子，怕他驕傲；所以孩子不僅不敢驕傲，更不敢自信了。

不想孩子的身心受到煎熬

即使不考慮大學，單從孩子上小學到高中畢業，就要經歷十餘年，每年多次的考試，還有無數的測驗等。孩子如果從小就對考試感到緊張和壓力，那孩子這十幾年將如何度過呢？但孩子終究是要面對考試的，怎麼辦呢？

我們的大腦只有在心情愉悦，身心放鬆的情況下，才能好好地運轉。而焦慮會阻礙思維的暢通。那麼，家長可以在考試臨近時，不要表現出和平時有甚麼不同，可以對孩子説：「哦，下周就考試啦，真好！考完試就可以放假了，你就可以安排自己想做的事情啦」、「你要考試複習，需要我們做甚麼嗎？如果沒有，那媽媽和爸爸安排自己的事，你安排你的事，可以嗎？」給孩子營造一個「考試沒甚麼大不了」的平常心，讓孩子輕鬆愉快的迎接和面對考試。

知識是可以積累的，情緒也是可以積累的，好的情緒積累，可以讓我們更加熱愛學習、熱愛成長、熱愛進步。當然，也許會熱愛考試呢！而孩子在未來的每一個關鍵的考場，都能發揮自如。

有能量的說話

臨近考試，如何鼓勵孩子？

「你要考試啦？哪天啊？你的感受怎麼樣？沒關係，就和你平常一樣做題目就可以了，你可以！」

「你要考試啦？你知道考試的目的是測驗我們學習的東西記住了多少，考試的複習就是再多記住一些。你需要爸媽幫忙嗎？」

「要考試沒關係的，大家都一樣考試，只要能把記住的知識盡量寫對了，就可以了。所以要放鬆心情啦！」（不要說「不要緊張」）

心理小知識

考試焦慮是一種因考試而產生的焦慮狀態，以擔憂、害怕、緊張為基本特徵，通常合併表現身體症狀，如心悸、頭痛、頭暈、消化不良等。輕度和中度的焦慮可提高大多數的行為能力，激發潛能，考出好成績。但焦慮水平過高則會影響表現，極有可能出現「考前焦慮綜合症」。

⑩ 孩子不願意上補習班

補習班幾乎已經成為現代家庭教育的必備項目，但許多孩子都會在進入補習班之後，還沒怎麼去學，只是嘗試一下或者經過短時間的學習之後就不再想去上課。家長很是無奈，因為花了錢，說好的課又不上了。有些孩子和家長甚至因此陷入極大的矛盾中。

強迫反而使孩子更反叛

　　每個孩子都有其性格特徵，也會有適合與不適合的方面，順應孩子的特質，孩子就會在成就下獲得自信。當孩子獲得成就感後，又會產生深入學習的需求，至於將來是否再向更高層次的發展，就隨他的成長而有變化；每個人都不會從小就「一錘定音」地往某專長發展下去。作為家長，給孩子合理的引導是必要的，但家長先要回顧一下給孩子報補習班的原因，是孩子主動要求學習，還是家長代為決定？

給予孩子自由選擇的空間

　　孩子是否上補習班，如果是孩子升學的需要，家長也不用強求，可以徵求孩子的想法。可以說「假如你覺得上一個補習班讓成績更好，你看看選哪一科呢？」孩子若是甚麼都不選，家長也應該表示尊重，強迫孩子一定怎樣，反而讓孩子更反叛。孩子需要家長給予自由選擇的空間，孩子也需要家長有正向的引領。如果家長希望孩子好學、專注，在某項專長上有進步，就不要求小孩子學認字、學寫字，而是讓孩子用筆在空白的紙上亂畫，由孩子自己解釋，充分保護孩子的想像力。

　　孩子上補習班的目的是甚麼，有時源於家長焦慮孩子輸在起跑線上。但我們發現，孩子未來的發展與成就，和上補習班沒有直接關係，反而是孩子的學習習慣、人格修養、個性培養，尤其是快樂的家庭關係等，更能在其成長路上起到作用。

為甚麼別人可以做到，你就不行？

「為甚麼別人可以做到，你就不行？」是許多家長對孩子說的話，背後也隱含着家長對孩子殷切的期望，希望自己的孩子能夠各方面都優秀並勝於他人。

你能看到孩子的優點嗎？

我在做心理輔導課程時，會讓大家寫自己的優點，每到這個環節，大家普遍都會感到為難。有一次，我讓將近 40 個孩子，每人寫自己的 10 個優點。幾乎所有的孩子都說：「優點？10 個啊？哪有啊？寫不出來啊」，其中一個女生說：「老師，寫缺點可以嗎？我可以寫出 100 個。」全班孩子都點頭。我堅決地說，寫 10 個優點。

每次我都堅持讓大家盡量寫出自己的 10 個優點，最終可以完成的卻寥寥無幾。是甚麼讓孩子找不到自己的優點，還是自己覺得有優點不敢寫，怕被其他人笑話、批評或質疑呢？這值得深思。家長都希望孩子超越別人的孩子，所以會視孩子所有的優點為理所應當，然後將別人的孩子有的專長，作為自己孩子也要擁有的目標，這樣自己的孩子就可以好上加好。這樣的想法當然很好。可是，當家長看到其他孩子的優點時，實在是沒有去想自己孩子的優點。

接收言語背後的情感

　　著名心理學家阿德勒説「每個生命都是追求卓越的」，那我們讓孩子追求卓越當然是對。但請注意，阿德勒沒講，每個孩子都是被家長要求卓越的，每個生命都有自己的原動力，自己都想要追求卓越。如果一個生命在自己能力範圍內努力生長，它可以盡自己的努力，有自己的成長方法。但如果是被要求成為其他人要求的樣子，那他的動力就被壓制、被取代。父母對孩子的指責，其實是父母內在恐懼的投射，父母會把一個自己不能承擔的樣子投射給最容易扔給的人 —— 孩子。

　　雖然有些孩子在這樣的質疑中奮起努力，但現在的孩子大多在物質豐富的環境下長大，他們不知道奮鬥能給他帶來的是甚麼。因為家長給他的目標，他還不能有切實的感受，不是他能理解的未來。我見過許多孩子，雖然最後還是向家長「屈服」，成為家長期望的那樣「優秀」，但那個孩子早已沒有朝氣，活成了「小老人」。另有一些孩子就「病」了，「病」得不能上學、不能參加考試、不能快樂。

　　語言有極強的暗示作用，語言是情感表達最高境界，孩子接收到的不是語言本身，而是言語背後的情感。我們也可以重新建構一下這句話，把「為甚麼別人可以做到，你就不行？」改變成「你行的，你可以做到別人做不到的。」語言是可以重新建構的，它可以打擊人，也可以鼓舞人。作為家長，我想都是願意能夠鼓舞孩子向更好的方向發展。請你可以重新組織你的語言，多看到孩子獨特的、與眾不同之處，並讚揚孩子，孩子才會成長得更好。

12 孩子說不想上學了

我遇過兩個女孩都說不想上學，一個是用語言說，一個是用身體說。用語言說的告訴我，她不想上學是因為班裏有另一個女孩總搶她的風頭，她上學就感覺很憤怒和挫敗。用身體說不想上學的，是我給她的翻譯，這個女孩一上學就嘔吐，然後就渾身不舒服，只有回家躺在床上才會好一些。而每當她好一些，媽媽就催促她趕緊去上學，然後她再嘔吐、再頭暈，循環着。

需要適應自己的新身份

孩子進入學校，意味着要適應自己新的身份：家長不會再把他當成寶寶，他需要承擔作為學生的義務、獨自面對新的環境——一個他不熟悉，並且不那麼自由自在的環境。

在這個環境中，老師和所有的空間，以及空間中的物品、其他人，孩子都要和身邊人共同擁有，要遵從學校的要求、老師的教導，要和其他同學共處，共享教育的資源，共享老師的關注，要學習和其他同學合作等。當然，還要完成自己的學業，還要接受家長的督促，這和幼兒園完全不一樣。所以，即將或剛剛上學的孩子，是需要一個適應期。這個適應期，有的孩子很快就適應，進入正常的軌道；有的孩子則有諸多的不適應，或者是剛開始還可以，但經過一個時段後就出現問題。

説「不想上學」一定有原因

當孩子説他不想上學，一定有他的原因，只是他不知道如何開口表達，也可能他曾經剛一開口就被家長堵回去了。通常，小學階段老師的年紀和孩子們的家長相仿，孩子會把對家長的情感投射到老師身上；但老師不是家長，不能全然回應某個孩子的情感期待，因為老師要面對許多孩子。這時，需要獲得特別關注的孩子就會失落。再者，「不想上學」包含許多層面，比如，不想上某科的課，也可能是人際關係上遇到不愉快，也可能是不想在這間學校上學。

我接觸過一個男孩子，他居然在學校沒有説過一句話。於是，無論老師和同學，都對他產生濃厚的興趣，會逗他説話、特別照顧他。這個孩子獲得了空前的關注。但這個關注是怪異的，不是人們正常眼光的關注，或許他也覺得自己把自己架在這裏，沒有下台階。在活動室裏，我問他：「你是不願意説話嗎？」他點點頭，於是我對幾個嘰嘰喳喳批評他的女生説：「他只是不願意説話，不想説話沒甚麼大不了啊！他有這個權利！」幾個女生撇着嘴離開，這個男孩感激地看着我，開始和我説話，之後幾個星期，這個男孩異常活躍，他豐富的知識把許多男生都吸引到他的身邊。看，他又獲得了更多的關注，並且是值得驕傲的關注。

不帶批評地問才可了解真相

孩子在上學的這十幾年，家長不斷會遇到孩子這樣那樣成長適應的問題，關鍵是家長能夠理解孩子的不容易，心疼孩子

的不容易，幫助孩子度過每一個難關。當孩子說：「不想上學了」的時候，家長心疼自己的孩子嗎？如果心疼，那就先不要着急瞪眼，可以蹲下來抱住孩子：「哦，我想你一定遇到甚麼不開心的事，你願意講一講嗎？」，也可以說：「不想上學，一定是遇到不開心的事，我想幫幫你，你願意嗎？」。家長只有耐心詢問，不帶批評，才有可能了解真相，並和孩子一起面對，找到解決的辦法。

有能量的說話

孩子說：「不想上學了」。可以回應：

> 💬 「我想你一定遇到甚麼不開心的事情，你願意講一講嗎？」

> 💬 「我想幫幫你，你願意嗎？」

心理小知識

「社會適應性」來自達爾文進化理論學說「適者生存」一詞。後來專指人與社會的關係，它包括人與人之間的溝通、人對社會的適應等方面，是一個人為了在社會更好地生存而進行的在心理上、生理上以及行為上的各種適應性的改變，與社會達到和諧狀態的一種執行適應能力。對學齡兒童來講，社會的適應性主要表現在遵守紀律、上課專心、完成功課、和諧的人際關係、尊敬但不懼怕老師等。

⑬ 孩子覺得學習沒用，想當 YouTuber

覺得學習沒用，想要以後做時髦的行業，以為做視頻博主或主播不需要學習知識，而且這些行業好玩、輕鬆、能出名。這種想法在一個人的小學、初中、高中、大學時期都可能會出現。

培養抗逆能力

孩子會對不了解的事物好奇，他們並不知道每個行業背後的付出，只看到拍視頻、做主播很風光。他們不知道一個行業的「台上一分鐘」背後有「台下十年功」；因為孩子的認知還不能讓他有這樣的思考。

有家長會把現實的殘酷告訴孩子「你想當主播？你想搞視頻。你知道人家付出了多少辛苦嗎？你知道他們要學的東西可不是你想的那麼簡單。」還有更乾脆的「沒出門！你就給我好好學習，將來考大學才有出息」等。現在孩子普遍需要培養抗挫折的能力、吃苦耐勞的精神；但現在的孩子見識廣，不是傳統的教育可以奏效。這就需要家長對孩子的教育與時並進，孩子從小就在意自己和家長的平等對待與尊重，更渴望家長的理解和支持。

第 1 章・動力篇

從孩子正向的期待入手

在一次諮詢中，一個 13 歲的女孩説：「媽媽，你知道嗎，我跟你説我喜歡古琴，我説甚麼你都當真，其實我只是想找一件事讓你覺得我喜歡，其實我根本不喜歡，但是我要是甚麼都不喜歡，你就不愛理我了。」媽媽聽後很疑惑地問：「那你不需要騙我啊，我還是會滿足你的要求啊！」孩子説：「你只是想滿足我嗎？你是想滿足你自己，你在外面説起來，你的孩子有甚麼本事，根本不管我想甚麼！……」

我經常會問家長，你們問過孩子：「為甚麼這樣説、為甚麼這樣做嗎？」當孩子提出一些讓家長不願接受的想法，家長一定會疑惑孩子為甚麼這麼想，但家長卻忽略了自己的好奇，沒有把好奇當成和孩子交流的話題，而是直接表達了焦慮和負面情緒。

家長需要和孩子交流的是：「我很好奇，你怎麼有了這樣的想法呢？做視頻剪輯人員和 YouTuber 那麼有趣嗎？」這樣一問，可以不去關注孩子上不上學的問題，因為上不上學的背後是有孩子的恐懼。我們無法去承接孩子的恐懼，就可以先從孩子正向的期待入手，尊重孩子的理想，或許這並不是孩子真實的理想，但至少可以開啟與孩子尊重的對話。這種方式的對話是好奇孩子的想法，幫助和引導孩子更成熟地考慮問題。

當我們和孩子的對話方式變了，孩子的真實想法就會顯露出來，但也不排除孩子是真心喜歡某個職業，並且他也很了解這個職業。這樣的話，如果家長有條件，可以帶孩子去參觀他喜歡行業的工作場所，家長更可以帶孩子參觀和講解自己的工作場所，讓孩子多長見識，開闊眼界。

有能量的説話

孩子覺得學習沒用，想當 YouTuber。可以回應：

> 「我很好奇，你怎麼有了這樣的想法？做 YouTuber 是那麼有趣嗎？」

> 「哦，你是覺得這個有趣的職業可以不用上學也不用學習了，是嗎？」

> 「假如你感興趣，我們可以看看如何去了解他們，你覺得怎樣？」

第 2 章

定心篇

幫孩子融入校園生活，
增加「定心丸」是關鍵。

01 孩子三數天就喊生病

孩子經常生病，去醫院查也查不出原因。家長可以估計這也許是「身心症」的症狀。所謂「身心症」，就是沒有生理上的原因，主要受心理因素而導致的疾病，有許多身體症狀都與壓力、抑鬱等情緒問題有關。

病，其實是向爸媽表達訊息

　　當孩子覺得「爸媽不愛我，他們只愛我的成績」，那在他心中就會產生和父母作對的心理，「你不是愛學習的孩子嗎？我倒是要看看我學習不好，你還愛不愛我」。但孩子畢竟不敢賭父母不愛他。當他發現自己生病的時候，父母對他格外關心、愛憐與退讓──「都病了，就不要上學了」；他會評估「一個為父母上學的孩子得到的愛」不及「一個生病的孩子得到的愛」多。換成任何一個孩子，會讓自己成為哪一個孩子呢？答案很明顯──做個「生病的孩子」。

　　孩子的病其實是在表達「爸爸媽媽，多愛我一些吧，讓我知道你們愛我」。父母可以在孩子生病時對他說：「看來你的身體是想告訴爸媽你需要休息，讓上學這件事等一等吧。」如果父母這樣說也這樣做了，看看孩子是否就健康起來。試試看。

有能量的說話

孩子三數天就喊生病，影響上學。可以回應：

💬「看來你的小身體是想告訴爸媽，你需要休息，讓上學這件事等一等你。爸爸媽媽也可以等你的。」

💬「生病沒關係，上學也不是最重要的，重要的是爸媽希望你健康快樂。」

心理小知識

有研究指出，通過正確的意識與心態的自我對話，會有療癒效果。比如，對於自己的眼睛，自我對話是「我愛我的眼睛。我在任何一個角度都可以看清。我帶着愛和感激看我的過去和未來。我選擇用新的角度去看自己。我感謝我的眼睛」等等。成年人可以有意識地通過自我對話去療癒自己的身心，但孩子呢？就需要父母的幫忙了。

02 孩子上學不聽課，愛和老師頂嘴

有一個教高中語文科的老師給我講述她和學生對話的過程。那個學生就是上課和老師頂嘴、不聽講，也不做功課。老師在課上沒有和他「交鋒」，而是在課後找這個男生單獨談話。老師問他：「我感覺到你一說起語文就有好大的氣，我知道你不是對我」，男孩馬上點頭說：「老師，我不是對你」。

孩子行為背後是期待

老師問男孩是甚麼時候開始不滿語文，男孩給老師說自己剛上小學時，語文學不好，父母總是批評他，從此他就開始討厭語文。所以每上語文課，他就和老師頂嘴，以示他不是學不好，就是不想學。

這個孩子上學不聽講，和老師頂嘴，是想保護自己的自尊，不希望老師覺得他是學不好，而是不好學，這是我們在成長過程中發展出來的一種「心理防禦機制」，目的是給自己一個交代，自覺還不錯，以此可以原諒自己某方面的不足。當老師給他找到了語文學習的情結，再激勵他可以戰勝自己曾經的「創傷」時，他的語文一定會和其他科目一樣成績優異的。

想獲得大人的關注

　　一個班級幾十個孩子，這類孩子默默無聞，成績一般，其他地方再沒有很突出的地方，哪怕是個子很高能在幾十人中顯露出來，但這類孩子沒有，他們又很希望受到關注，就會自己找辦法讓自己突出一些。那麼，帶着這樣的心思，這類孩子就無法專注聽課，就要想着怎麼讓老師「看見」自己，頂嘴就是一個好辦法。

　　有家長會說，我們已經很關注他，怎麼還會這樣呢？家長可以回想一下自己對孩子的關注是屬於「管教」、「批評」多一些呢？還是「讚賞」、「理解」、「包容」多一些呢？

好的對話就是對孩子的引導

　　家長在第一時間了解到孩子在學校不聽課和老師頂嘴。首先，要尊重老師，孩子會「照樣」尊重老師；其次，家長可以從老師那裏多了解一些孩子在學校的情況，比如「孩子和老師頂嘴的細節是甚麼」、「孩子和同學的關係怎樣」等，全面了解孩子在校的情況，以便和孩子對話。其實，孩子行為的背後是期待，課堂上「心神不定」的不聽課和「讓老師看到我、重視我」而頂嘴，都有孩子的期待。家長要做的事很簡單，就是和孩子好好交談，比如「我知道你上課不能專心聽課，你一定有原因，可以告訴爸媽嗎」等，對話很重要，好的對話就是對孩子的正向引導。

有能量的說話

孩子上學不聽課，愛和老師頂嘴。可以回應：

💬「媽媽希望你能夠尊重老師，老師說的可能你不接受，你可以在下課後告訴老師你的感受，老師會理解的。」

💬「如果你對老師有甚麼想法，我們可以在課後單獨找老師談，但不要在大家面前。想一想如果其他同學在課上和老師頂嘴，你有甚麼感受呢？」

💬「我知道你上課不能專心聽講（這裏要用「專心」二字），你一定有原因，可以告訴爸媽嗎？」

心理小知識

「心理防禦機制」是指個體面臨挫折或衝突時，其內部心理活動中具有的自覺或不自覺地解脫煩惱，減輕不安，以恢復心理平衡與穩定的一種適應性傾向。我們在生活中學到的某些應付挫折的反應方式，其作用在於減輕心理矛盾，更好地適應環境。由於每個人的個性特點和遭遇挫折時的情境不同，採用的防禦機制也不同，常見的心理防禦機制有否認、隔離、壓抑、幽默等。

03 孩子對老師有不滿

孩子對老師的不滿一般會體現在幾點，包括：(1) 被老師批評；(2) 老師有失公允；(3) 自己跟不上進度；(4) 看老師不順眼；(5) 還有其他的原因。對於老師的不滿，有些孩子會說出來；有些則不說。孩子的表現大多逃不過家長的「法眼」，只是家長不甚明白背後的原因。

孩子的委屈需要被了解

當孩子表現出不滿情緒時，家長可以用「我了解」、「我知道了」、「感覺到你很委屈（生氣、失望……）」、「你希望爸媽怎麼幫你？」這樣的話語，孩子的委屈被了解、被看到、被信任，這對孩子來講是非常重要的。有父母的那個家是孩子心中唯一的港灣，如果這個唯一的港灣不能好好「接納」他，那孩子的無助感會有多強烈，是你我都無法想像的。

合理處理孩子的要求

對於孩子與老師發生矛盾，如果孩子提出希望由你幫忙處理，假如合理，你可以果斷回應，然後和孩子一起商量如何解決；假如孩子提出的要求不合理，你可以說：「你怎麼會想到這個方法呢？我們談談這個方法是否合適。」孩子有時只是想

用過激的方法來試探家長，家長如果上當，那就正好滿足孩子心理的需求。

　　如果孩子表示不用幫忙，只是想說出來就好，那家長可以問：「你不需要我們幫你，看來你有自己處理的方法，可以說出來聽聽嗎？」家長這樣說，第一是認可孩子已長大、他有能力去應對；第二能夠表達家長對孩子的關心和愛。在孩子對老師有不滿的時候，家長最重要的是做到了解原委、傾聽、共情。有必要的話可以去問問其他同學或向老師求證，真的發現是老師的過錯，家長就要向校方反映。

有能量的說話

孩子對老師有不滿。可以回應：

💬 「我感覺到你很委屈／生氣／失望……」

💬 「你希望爸媽怎麼幫你？」

💬 「看來你有自己處理的方法，可以說出來聽聽嗎？」

💬 「我們很希望你能開心，順利度過這個不舒服的時候。」

心理小知識

家庭的穩定是孩子安全感、歸屬感的重要來源；一個穩定而溫馨的家庭，會給孩子在生命初期一個成長的保障。孵化器就是一個很好的比喻，良好的孵化器，會「孵化」出健全的人格、健朗的性格和健碩的身體，這些都是我們健康生活的保障。

04 孩子在學校犯了錯

有家長提到孩子在學校犯錯，一般是上課不認真聽講、不做功課、下課調皮打鬧；嚴重的還會欺負同學、校園欺凌等。有些家長苦口婆心，孩子反而越來越不願意聽。我們先來了解一下，孩子是怎麼想的。

善用正積心理學的引導

在成長過程中，孩子在家被充分照顧和寵愛的同時，如果不被約束、疏於管教，個性就會變得自由散漫。當孩子在學校，感覺各方面都受約束，只能用各種小動作讓自己「舒服」。如果孩子的習慣已經初步形成，父母就要在孩子的這個時期多費些心思，幫助孩子培養專注力。

當家長聽到老師反映這種情況時，先不用把孩子的表現如實告知孩子，而是採用積極心理學的引導，發現孩子的積極面。比如家長可以和孩子說：「今天老師找我，告訴我你最近有進步。」或針對孩子的小動作說：「老師告訴我，你現在上課很認真，坐在位子上很踏實。」然後，加之欣喜和好奇的口吻問孩子：「是這樣嗎？」家長千萬不要問：「今天學了甚麼？給我說說看。」那就糟糕了，因為孩子本來就沒好好聽講，家長之所以要問「感受」，表明家長關心的是孩子本身，而不是關心其他。

破壞行為是想獲得關注

　　對於沒有在家庭中獲得父母足夠關注的孩子來說，這是一個缺失。有些孩子乖巧聽話，家長很放心，就很少去關注孩子；有些孩子上學遇到不適應向家長表達後，不僅得不到家長的理解，還會被批評。那麼孩子就會「生」出事端，以獲得老師和家長的關注。孩子的破壞行為，或欺負弱小同學，通常是孩子「有氣沒處撒」，這同樣是孩子要獲得關注的一種表現。

給孩子做個好榜樣

　　孩子的「氣」多是在家庭中家長和長輩「給予」的，比如打、罵、嚴厲苛責等。還有家長的示範作用，家長如果有暴力行為，孩子會跟着學。所以，家長不僅自己要思考和身體力行，還要提醒家庭的其他成員，給孩子做個好榜樣。

　　邊界感，是要從孩子小時候就開始培養的，如果缺乏「邊界」概念，孩子在外面的行為就會和在家裏的行為很相似，放任、自由、無拘無束、不分輕重等。如果孩子小時沒養成邊界感，家長就甚麼時候意識到，甚麼時候去協助孩子建立。孩子上學了，就要告訴他：學校是公共場合，要遵守學校的規則，尤其要考慮其他人在場，上課安靜聽講。

有能量的説話

孩子在學校犯了錯。可以回應：

> 💬「老師告訴我你最近很有進步，説你上課可以……是這樣嗎？」

> 💬「你可以給我講講上課的感受嗎？」

心理小知識

「邊界感」是指我們對界限的判定或重視程度。人際的邊界感，是伴隨着我們越來越意識到「自己」與「他人」是兩個不同的個體而產生。健康的邊界意識，既讓我們能夠承擔自己行為和選擇所帶來的結果，還可以確保我們不會因別人的越界而受到侵犯。

05 孩子喜歡向老師「告狀」

有些孩子喜歡向老師「告狀」，家長是鼓勵還是制止？有一個女孩不時受到一些女同學的排擠。有一次，有幾個女同學聯合起來到她所在的班圍住她，不讓她上課，幸好老師走過來，那幾個女生馬上離開，才沒有導致事件升級。這個女孩及時告訴老師，老師又給家長打了電話，家長囑咐孩子：「你做得對，以後出現一點不對的地方，都要及時去找老師。」

主動求助是一種能力

孩子喜歡向老師「告狀」，說明孩子沒有「權威恐懼」。老師是距離孩子最近的成年人，孩子可以大膽找老師，不論是「告狀」，還是聊天，證明孩子信任老師。孩子可以信任他人、尊重他人，是值得發揚的優點。一個暴力的家長、一個忽略孩子的家長都可以讓孩子不去、不想、不敢信任大人；孩子反而會在真正需要成人幫助的時候，錯失時機。所以，當家長聽到孩子向老師「告狀」這件事，可以從正向的語言出發：「看來，你很信任老師，願意找老師去幫忙。」

如何對話看傳遞訊息的渠道

如果是老師講給你的,「你的孩子特別喜歡到我這裏告其他同學的狀。」這時家長先向老師了解孩子在告的是甚麼狀,並了解老師是如何回應孩子,老師希望家長可以怎麼做。家長可以在飯後問孩子:「我聽老師說你對某同學有看法,可以和我講講嗎?」這時要直接說出你從老師處聽來,帶孩子一起正視老師告訴家長這件事。

家長的態度最重要,不要批評也不要指責,因為家長並不了解從孩子的角度是如何想的,家長帶着尊重與好奇的態度,帶孩子從客觀的角度來分析,孩子是不會抵觸的。

其次,如果是其他同學告訴你的,家長可以多問問這個同學事情是怎樣的。要注意,避免在其他同學面前批評孩子,可以對同學講:「你們告訴我這件事,我知道了,但我想 ××(孩子的名字)一定有他的想法,你們每個人都有自己的角度,亦可以分享大家的觀點;不好的改正,好的互相學習,大家一同進步。」家長藉着孩子喜歡找老師告狀這件事可以了解到孩子的價值觀。不論正確與否,孩子善於觀察,有他獨特的看問題的角度,這個是值得鼓勵的。我們可以表揚孩子「你看事情很細緻,也有自己的觀點,也能大膽向老師報告,這是好的。但問題有時可能不是我們所理解的,我們不能主觀評價別人的行為。」

有能量的說話

孩子喜歡向老師「告狀」。可以回應：

💬 「你可以給媽媽（爸爸）講講事情的經過嗎？」

💬 「你告訴了老師，老師是甚麼態度呢？」

💬 「有些事，我們的看法和別人的看法不一樣，不要急着去『告狀』，可以學着和同學先溝通，從對方的角度了解他的想法和事情經過。」

心理小知識

孩子價值觀和信念的形成分成以下幾個階段：

0～7歲是印記時期。這個階段孩子的思想像一張白紙，他們會毫無保留地接受父母向他們表達的所有「事實」。家長在孩子的這個時期，要達成一致的觀念。

8～13歲是模仿時期。孩子會不斷尋找模仿的對象，最先就是父母，之後是他接觸最多的家人，上學後會模仿老師等。對於父母來講，這個階段身教重於言傳。

14～21歲是社交時期。孩子的成長在成年和未成年之間。他們要融入社會，更重視朋友關係。這個時期他們更需要父母的尊重，家長需要幫助孩子形成積極正面的價值觀。

06 如何問孩子在學校是否受到欺負？

近年，不少學校都出現校園欺凌事件，許多家長擔心孩子在外受到欺負，又擔心孩子受到欺負不敢告訴爸媽。雖然「傳説中」的傷害事件時有曝光，但還看四周，身邊真正遇到這種事的還是屬少數。但，不怕一萬就怕萬一，一旦出現，家長後悔也來不及了。

家長要防患於未然

有家長問：「我們做家長的該怎麼詢問孩子是否在學校受欺負呢？」無論孩子有多大，似乎都不願意和家長講被欺負的事，孩子擔心被家長訓斥。既不願面對不願回憶，也不願讓大人知道自己被訓斥。此外，有些孩子也不願讓父母擔心，覺得自己能捱過去，假如可以安全度過，還會覺得自己很棒。

對於孩子在校園是否安全，家長首先要「防患於未然」。家長最了解孩子的個性和應對能力，知道孩子在與同齡孩子的交往中，會處於甚麼樣的人際位置，是忍讓、躲避，還是衝動、勇敢等。那麼家長可以在孩子剛入學的時候，就囑咐孩子不要欺負別人，要和同學友好相處；如果遇到很無理的，盡量不去招惹對方，如果和同學有了矛盾，可以好好説，不要爭執，更不要動手。

就觀察到的狀態來問

當我們對孩子在外的安全問題有了一定的防範措施，也不一定就萬無一失，依舊會出現孩子被欺負的情況。孩子可能不會對家長說，但家長可以覺察孩子的異樣，可以就觀察到的孩子狀態來問。比如，看到孩子神情沮喪，可以抱着孩子問：「寶寶，你好像不太開心，可以告訴媽媽發生了甚麼嗎？」

有家長一看到孩子衣服又髒又破，情緒馬上就來並訓斥：「怎麼搞，又弄得這麼髒！褲子還破了！這孩子怎麼這樣讓人討厭！」此時，家長是覺得孩子給自己找麻煩。家長最好的問法是：「怎麼你的衣服這麼髒？還破了？快脫下來換上乾淨的，媽媽給你去洗。」然後，家長需要幫孩子換衣服，再給孩子喝點水，給孩子的心理有一個緩衝的機會。之後，可以拉着孩子的小手，問問孩子：「是發生甚麼事情了嗎？告訴媽媽（爸爸）發生了甚麼，我們會幫你的。」

無論是甚麼原因，家長想了解孩子在學校是否被欺負，都要先從孩子的角度考慮孩子的接受程度，不要放任孩子的「無所謂」。但最重要的，還是培養孩子的人際交往、處理人際衝突、適應環境的能力，還要培養孩子的真誠、善良、友善、勇敢、智慧的品格是一切安全的首要保障。

有能量的説話

如何問孩子在學校是否受到欺負。可以回應：

💬「寶寶，你好像不太開心，媽媽很想幫你。可以告訴媽媽發生了甚麼事嗎？」

💬「是發生甚麼事情了嗎？告訴媽媽（爸爸）發生了甚麼，我們會幫你的。」

💬「看到你的樣子，媽媽（爸爸）看着好心痛！你現在想怎麼樣可以紓緩一下呢？」

孩子放學後，家長怎樣問一天的學習情況？

有些家長在孩子放學一進家門就問：「今天在學校怎麼樣？」孩子回答：「還可以」這樣的「絕句」。之後，在父母再追問的情況下，孩子就開始不耐煩。於是，對話終止，聊天「死亡」。

家長愈盯着問，孩子愈加反叛

做家長的也都是從兒時成長過來，也都經歷了孩子成長所經歷的身心發展。但當我問及成年人是否還記得自己小時候的心理狀態時，他們總是說「不記得了」。大多數「小時候很自覺」的父母，都說「我爸媽哪有時間管我」、「我父母都沒有文化，他們哪管得了我。」其實，家長在孩子成長中不太「作為」的，孩子反而可以按照自己的節奏去安排自己的學習。

我們在心理諮詢遇到的親子溝通案例中發現，家長愈是每天放學盯着孩子問孩子在學校怎麼樣或和同學相處的怎麼樣這些問題時，孩子都不願意和父母講。反而父母甚麼都不問，只是擁抱一下，或者只是問一些與孩子自身相關的問題，如：「累不累？餓不餓？開不開心？」等，孩子反而會圍着父母，尤其是媽媽滔滔不絕。

以「協作者」的角度幫助孩子

在一次諮詢中，有媽媽感到困擾，她面對每天放學回家的女兒，她心裏很想了解女兒在學校的生活，但又不敢問，最近只要媽媽一開口，女兒就很不耐煩，媽媽覺得自己怎麼説都不對，內心受傷。當我們坐下來談天時，孩子説：「其實你甚麼都不問，我反而想和你説話。」我問女孩：「是否希望自己可以控制話題和節奏？」孩子説：「是的，但我媽總是想控制我，好煩！」

家長需要改變和孩子對話的方式，而且家長對孩子的態度要始終如一，它是從一天的早上開始，到下午回家，到晚上的相處，就像是一個「套裝」，是持續的一個態度。這個態度要求家長給孩子一個「呼吸」的空間，讓孩子可以自己去管理自己的生活、時間和空間，讓孩子發展他們這個年齡可以自己做的事。家長不要把孩子有的功能給扼殺。

那麼「角度」是甚麼呢？角度要求家長站在協作者的角度，幫助孩子成長並成為符合社會規範要求的孩子；而不是從管理者的角度，處處限制和評價孩子。而是「有條件地幫孩子」，即在超出這個年齡的孩子可以做的地方去幫他，當家長抱着這樣的態度與孩子溝通，那就可以達到愉快相處的目的。

有能量的說話

孩子放學後,家長怎樣問孩子一天的學習情況?可以回應:

> 「回來啦!來,擁抱一下!」

> 「今天在學校過得怎麼樣?能給我講講嗎?」

> 「回來啦!媽媽上班忙了一天,又見到你好開心! 來,擁抱一下。」

> 「你今天有甚麼有趣的事情給我們講講嗎?」

> 「我今天遇到一些有趣的事情,你願意聽聽嗎?」

心理小知識

傾聽在心理學上的要求與普通只用耳朵「聽」是不同的,它是心理諮詢過程中的一個重要部分。傾聽既是一種與人溝通的方法,同時也是一種與人交往的藝術,屬「有效溝通」的必要部分。在傾聽過程中,不僅要關注對方說的是甚麼,還要留意對方是怎麼說,並在必要時作回應,讓對方感受到你和他在一起。傾聽過程中,需要尊重和理解他人。如果在傾聽孩子講話時,可以及時回應,並帶有一些親切的肢體動作,比如拍拍孩子的手背、肩膀等,孩子會感覺到父母對他的關切與愛護。

08 發現孩子考試作弊

考試作弊，自古有之。無論哪個時代的學生，可能都試過考試作弊。雖然家長對孩子考試作弊的問題很頭疼，但我問過很多人，他們從小到大十幾年的學生生涯中，或多或少都有想過作弊的經歷，也有被老師發現，都有很不愉快的記憶。

害怕考不好，不敢向父母交代

在心理學上，考試作弊的孩子，其心理動基是甚麼呢？試想一下，一個孩子特別希望自己考試取得好成績，但由於種種原因，他無法依靠自己的能力去考出好成績，他才會「鋌而走險」。

每個孩子都希望自己是最好的，希望可以在同學、老師，尤其是父母眼中是一個好孩子、優秀的學生。在學生時代，分數體現了對孩子幾乎一切的評價，孩子追求高分數，這個期望是正向的，孩子希望獲得認可和表揚；這關乎孩子的自我評價，可是家長和老師在遇到孩子作弊的問題時，多數會直接看到孩子的「品質」問題，接着都會疑惑：「你怎麼可以作弊！你知不知道這是錯誤的行為」；反而，家長和老師很少會關注孩子作弊的目的，很少看到自己給予孩子的壓力。

孩子作弊的目的有很多，比如，想取得好成績，可以不必面對家長的指責，甚至體罰；有的孩子被周圍的人一直讚聰

明，但只有他自己知道自己的學習狀態怎樣，為了保住面子，孩子就在考試作弊。風險行為背後都存在着利益，這個利益為這個人自覺自己是重要的，而孩子認為自己的重要，通常都伴隨着如何向父母交代。

不要給孩子貼上負面標籤

當家長發現或得知孩子考試作弊，首先和孩子談談，他希望自己成為甚麼樣的人，可以説：「你希望自己將來長大後成為甚麼樣的人呢？我覺得你很希望自己是個好學生。但，好學生不是每一科都要考取高分，而是要一個人的德、智、體全面發展。一時的考試沒有那麼重要，每個人都有自己的長處，只要你盡了力，每一次都會有進步」等。這樣談心，可以讓孩子正確對待考試，也可表明家長的態度。

假如孩子知道父母已經知道自己考試作弊這件事，家長宜讓孩子從緊張的狀態中放鬆下來，可以輕拍孩子的肩膀，摸摸頭或抱一抱；然後對孩子説：「我知道你今天考試有不是自己答題的時候。」家長不要用「作弊」這個詞，我們盡量避免給孩子「貼標籤」。家長可以繼續説：「我知道你很希望考一個好成績，你一定有你的理由。」此時，家長可以看着孩子的眼睛，等待孩子的回應。不論孩子如何回應，家長要表達的最好是「我更希望你可以真實地面對自己，這樣你的心情可以放鬆，而不是擔心。」此時可以帶着孩子深呼吸幾下。之後，家長可以給孩子一個態度——「我希望你可以喜歡學習，考試只是檢查你學的東西記住了多少。如果需要爸爸媽媽陪你複習，你可以告訴我們，如果你需要其他的幫助，也可以提前和我們説」。

孩子的行為如果被強化了負面的定義，孩子可能會覺得自己是一個「壞」的個體，會覺得自己不值得被善待，那他未來的行為走向也會趨於自我否定。所以，孩子的作弊，家長要更多地看到孩子的正向願望，並加以正確的引導。

有能量的説話

發現孩子考試作弊。可以回應：

> 「一時的考試沒有那麼重要，每個人都有自己的長處，只要你盡力了，每一次都會有進步。」

> 「我知道你很希望考到好成績，你一定有你的理由。我更希望你可以真實地面對自己，這樣你的心情可以放鬆，而不是擔心甚麼。」

> 「我希望你可以喜歡學習，考試只是檢查你學的東西記住了多少、理解了多少。沒關係，放鬆心情，認真對待就可以了。」

心理小知識

研究情緒與記憶關係的科學家發現：情緒低落的學生，幾乎忘掉了記憶內容的25%；而情緒良好的學生，在相同的時間內忘掉了5%。這個研究指出，情緒好的學生學到的知識遠遠超過情緒低落的學生；而學生情緒的來源，絕大多數都與家庭關係，即父母對待孩子的態度，以及父母給予孩子的支持有關。

09 孩子在校被欺負，要怎麼教他保護自己？

兒童欺負行為，通常是指兒童之間，尤其是中小學生之間經常發生的攻擊行為。兒童之間的欺負，攻擊有的是直接的肢體或言語上，有的則是在背後搞鬼，比如說壞話、造謠，包括在網絡的陷害等，還有的欺負是拉攏群體對某人的孤立和針對，給被欺負者帶來極大的心理負擔和心理陰影。

挺身而出做孩子的後盾

家長需要細心觀察孩子放學回家後的情緒，如果孩子出現情緒低落，甚至抑鬱；注意力分散、神情恍惚、感覺孤獨並不想上學，甚至學習成績下降、逃學和失眠等問題，就需要為孩子「按下暫停鍵」。比如，可以對孩子說：「媽媽看到你最近情緒不人好，媽媽很在意你，所以想和你談談，你看可以吧」，或者可以強調「爸爸媽媽不會批評你，因為我們很愛你，很希望你快樂」，甚至帶孩子找專業的心理學家。

注意孩子的個性和人際關係

女孩剛上小學兩個多月，有一天早上無論如何都不去學校，家長不明所以，強行帶孩子上學，孩子在校門大哭大鬧，就是不進去，最終還是被家長帶回家，但孩子始終不説為甚麼不去學校；家長問老師，老師也不知道。當家長帶着孩子來我的諮詢室，孩子極其膽怯。

諮詢中發現原來孩子在學校被打了三巴掌。經過給家長的諮詢和輔導，我給家長一些「功課」，包括：改善對話方式，讓孩子在爸爸媽媽這裏獲得更多的支持和鼓勵。比如，日常和孩子的對話是：「今天你（某件事）做得真好，媽媽發現你做這件事是經過思考的。」、「剛才你講了和小朋友怎麼在一起玩的，我們覺得你真是長大了，可以很自信地和別人交往了」等，並且讓家長回去做如下的事情：

(1) 讓媽媽每天晚上睡覺前表揚孩子的 3 個優點，於是媽媽白天就盡力觀察孩子的表現；

(2) 讓父母打扮得精神一些，去學校找老師談談，希望老師可以耐心溫和地對待孩子，和家長一起幫助孩子提升自信。

(3) 讓父母給孩子及時的語言鼓勵和肢體的支持，如擁抱、拍拍肩膀或手臂等。

幾個月後，孩子不僅回到學校，並且表現出各方面的進步，還愛上表演。事實上，孩子被欺負，通常與孩子的個性有關，個性大多是在家庭關係的互動中所形成的，孩子最初獨自接觸的社會環境，就是幼兒園、學校。

有能量的說話

孩子在學校被欺負，要怎麼教他保護自己。可以回應：

> 「爸爸媽媽看到你最近情緒不太好，因為我們很在意你，所以想和你談談，你看可以吧？」

> 「媽媽（爸爸）看到你最近睡不好覺、成績下降，因為媽媽（爸爸）很心疼你，很想幫助你，你願意和媽媽（爸爸）談談嗎？」

> 「有人欺負你，爸爸媽媽知道你很不舒服，有爸爸媽媽在，放心吧！我們看看怎麼消除這個不好事情對你造成的影響。」

> 「遇到有人欺負你，要勇敢說不，要及時告訴老師，也要盡早告訴爸爸媽媽，我們會保護你的！」

心理小知識

人格受家庭環境影響很大。孩子從出生到童年，家庭中的親子關係會影響孩子的行為模式；經常講「三歲定八十」，便是對人格形成的總結。幸福的童年有利兒童發展健康的人格，不幸的童年會使兒童形成不良的人格；溺愛可能導致孩子形成不良的人格特點，逆境可能磨煉出孩子堅強的性格。所以，在孩子小的時候，家長應該有意識地培養孩子健全的人格，如自立意識、自信心、自尊心、自製力和樂觀向上等。

⑩ 怎麼預防孩子被校園暴力?

前文提到孩子在學校被欺負的問題,孩子被欺負,多是一個雙向的情況,是孩子在關係中的境遇,相比校園暴力要輕一些。校園暴力的發生,多是突發;乍一看,校園暴力的發生沒有徵兆,但仔細分析一些案件,還是有蛛絲馬跡可循的。

教育孩子關注自己的言行

近年來,從網絡上、媒體中,看到的校園暴力事件,無論是傷害同學或老師的,很多都不是一下子突發的;會有一個過程。施暴者或有人格缺陷,或有心理問題,都會在暴力事件發生之前有所徵兆,只是我們沒有辦法識別,也沒有預警經驗。

既然我們沒有對於危險的識別性,那最好的辦法就是教育孩子關注自己的言行,不要激惹情緒容易激動的同學,也不要參與孤立,更不要欺負其他同學;對不正常的狀況、不確定的事件和不確定的人的情緒等,必要回避。記得在我小的時候,有一次遇到大街上聚眾打架鬥毆,我正和父親路過,我很好奇,拉着父親往那邊湊;我一把被父親拉回來,一邊跟隨父親快速離開,一邊聽父親說「以後遇到這種事情就遠遠躲開,孩子千萬不要湊熱鬧。你不知道甚麼時候會發生甚麼事。」

應對校園暴力的 5 大方法

以下是各種各樣的方式：

(1) **保護自己**。家長告訴孩子能躲開就躲開作惡之人，孩子要學會評估事態的大小，及時躲開危險，然後報告老師或報警，同時教育孩子不要比較。

(2) **關注他人**。在孩子上學以後，家長需要經常詢問孩子班上同學的情況，通過孩子的描述，了解孩子身邊的同學、老師和校園的情況。通過和孩子聊天，可以總結並判定大致的校園安全狀況。

(3) **建立聯繫**。家長和家長之間，家長和老師之間，甚至和孩子的同學都可以建立聯繫。現在幾乎每個上學乃至上幼兒園的孩子都有家長群，家長首先要和家長群建立友好的關係，群內的各種訊息要經常關注，假如家長工作太忙，也要結交一些合得來的家長，彼此提醒群內動態，以免有重要訊息的遺漏。

(4) **培養孩子的性格**。好的性格不僅可以讓自己認識更多的朋友，在有危機的時候更可以互相幫助，也許一個好的性格加上一個好的口才，可以緩解對方的激烈情緒也說不定。

(5) **彼此尊重，愛的傳遞**。家長尊重老師，孩子尊重老師和同學，即使有些孩子因為家庭缺失愛而造成性格孤僻，當孩子可以帶動更多的人給予友愛和溫暖，或許可以讓一個有暴力傾向的孩子變成充滿愛的人。

有能量的説話

怎麼預防孩子被校園暴力？可以回應：

「你今天在學校都有甚麼特別的事情發生嗎？」

「聽説有同學被欺負，你知道是怎麼回事嗎？你是怎麼成功躲開的呢？」

「如果遇到有人打算欺負你，盡量往人多的地方去啊，然後及時告訴老師或者爸爸媽媽！」

「那個脾氣暴躁的同學一定是缺少別人的關愛，你可以告訴老師他的情況，讓老師和同學多給他一些溫暖。」

「不要欺負同學，也不要害怕強勢的同學，要學會尊重他人，不卑不亢。」

社交篇

想孩子朋友多，先給予足夠的社交自信心。

01 孩子膽小內向

孩子膽小內向的問題，是許多家長經常會遇到的；形成孩子膽小內向的原因有很多，這裏不談論生理上的問題，也不談天性的問題，只從心理動因上來看，會有幾個主要原因。

孩子被嚇過，缺乏安全感

我認識一個小姑娘，小時候活潑膽大，去嫲嫲的鄉下過年，幾天就成了當地的「孩子王」，那小小的身軀內似乎飽滿着無限的能量。但在她 3 歲的時候，爺爺去世，嫲嫲抱着小孫女讓她去看爺爺的儀容，並言辭激烈地告訴孩子：「好好看看你爺爺！你以後再也沒有爺爺了！」本來平靜好奇的孩子，馬上大哭不止；再回到父母身邊，這孩子就變得內向且膽小。這是一個典型的應激障礙，父母沒有及時處理，孩子就會將這種恐懼帶到她的生活中。

父母要注意及時覺察孩子的情緒和表現，發現孩子膽小了的時候，可以蹲下來，擁抱，用溫柔而堅定的語氣安慰孩子：「沒事！有媽媽／爸爸在，誰都不敢來欺負你。」然後親親孩子，和孩子相視一笑。這樣做的好處，是讓孩子覺得自己是被接納、被愛的，有一個強大的後盾作支持，在父母那裏可以獲得安全感。

過高標準會限制住孩子

家長的人格特質、能力、性格各不相同。假如你是一個能力很強、學歷很高的家長，那麼你要小心了，因為你無意中會把自己的優勢和強勢展現在生活的多方面。如果你用你作為大人的優勢去「壓倒」孩子——比如有些家長常用「你怎麼這麼笨，這個都不會」、「男生怎麼能這麼膽小」等話語，那你的孩子就會被「催眠」，也許真的如你說的那樣去發展。

有些家長說：「我小時候根本沒有這麼膽小，我從來不怕和人交往啊！」要知道，在孩子還沒有能力去應對各種人與事的時候，如果你沒有教他，他要從哪裏學會呢？孩子在父母一次次高標準、嚴格要求中，始終怕做不好、不能讓父母滿意，不知所措又不敢請教，慢慢就變得「膽小內向」了。

有能量的説話

孩子膽小內向。可以回應：

💬 「沒事！有媽媽／爸爸在，誰都不敢來欺負你！」

💬 「沒關係的，不會是很正常的，爸爸（媽媽）像你這麼大的時候也是這樣，多做幾次就好了。」

心理小知識

孩子的安全感主要來自父母，尤其是母親。在孩子心裏，有力量的媽媽勝過一切的「武器」。

孩子和小朋友發生衝突

孩子和小朋友發生衝突，有兩種情況。一種是和常在一起玩的「老朋友」發生衝突，家長之間一是彼此認識，還有一種是在公園、遊樂場等公共場所，孩子在玩樂期間發生衝突，雙方家長互不相識，只因共同在此陪孩子。

教育孩子公共場所的規矩

孩子在 3 歲以後，家長就應該開始教他公共場所的一些規則，並且在面對新的場合時，需要不斷地提醒；這樣，孩子才能慢慢形成社會規範的概念。作為被欺負的孩子的家長，要保障孩子身體安全。有危險，家長趕快去帶孩子走；如果沒有危險，家長宜觀察孩子自己是如何處理的，這是孩子內心成長的良機。孩子如果嘗試自己應對，家長可以靜靜地觀察，必要時給予一個微笑以示鼓勵。如果孩子用求助的眼光看大人，大人依舊可以靜靜地看着孩子的眼睛，給予一個微笑。

如果衝突擴大，兩個孩子打起來，家長要及時勸阻，千萬不要對自己的孩子斥責：「給人家道歉」，更不要得理不讓人，讓孩子之間的矛盾升級為大人之間的衝突。

適當放手，給予成長空間

　　孩子和熟悉的小朋友發生的衝突，多是遊戲中的衝突。家長在保證孩子安全的基礎上，對孩子之間的矛盾盡量「睜一隻眼，閉一隻眼」，讓孩子自行解決，可以暗中觀察孩子解決問題的方式，不到萬不得已，不要出手相助。

　　一個7歲的男孩，我在他家和他父母及其他人在談事情。孩子開門進來，臉上有淚痕；孩子爸爸看後，馬上起身問：「喲！兒子怎麼了？」男孩吸了一下鼻涕回答：「他搶我的玩具車，我推了他，他就把我推倒，還打我。」聽到這裏，假如你是孩子的家長，你會怎麼做呢？這個爸爸聽後，扭頭對我們說：「你們先聊着，我陪陪我兒子」，然後就帶孩子去洗手間。出於職業本能，我把耳朵從大家的討論中「轉移」到那父子的談話中。只聽父親問「疼嗎？」、「好吧，既然你覺得還可以去玩，那就去吧。只是，和小朋友相處要友好」⋯⋯聲音斷斷續續，我聽了個大概，暗自讚嘆這父親很有水平。不一會，父子出來了，孩子表情輕鬆，乍着雙手舞動着，那手是乾淨的，又開門出去玩了。

　　在這裏各位聽出了甚麼？我沒聽到質問、沒聽到斥責、沒聽到大呼小叫、沒聽到批評教育；只聽到關心、聽到對孩子想法的詢問、聽到親切的囑咐、聽到讓孩子「別傷到別人」。這個年齡的孩子，本來都有自己的想法，他們的獨立意識也開始長大，孩子的能力也如身高體重一樣，隨着年齡的增長。有些家長只看到孩子的身體在成長，卻忽略了孩子的知識、能力、意識、情感、思維、思想等都在成長。

第3章・社交篇

89

有能量的說話

孩子在外和小朋友發生衝突。可以回應：

💬「疼嗎？」

💬「你打算怎麼辦？」

💬「和小朋友相處要友好。」

心理小知識

兒童期是一個人社會認知發展的重要階段。現代社會，規則遍佈生活的每個角落，它無處不在。規則不僅不會限制孩子的發展，還會給孩子帶來安全的發展。道路的建立規範了行人和車輛，才不會橫衝直撞，規則和規範在限制我們行為的同時，又給我們帶來安全感。對規則的認知是兒童期孩子的必要功課。

03 孩子和小朋友一起玩總是被排擠

孩子和其他小朋友在一起現時總是被排擠，這種情況不是個別現象，而是與整個社會環境有關。家庭單位的縮小、鄰里關係的疏遠與隔離、安全因素、文化變遷等，都會在人際交往模式上對家庭和孩子造成影響。

避免在「總是怎樣的」識語中

遇到孩子和其他小朋友在一起經常被排擠的情形，家長不一定要急着鼓勵孩子和小朋友一起玩，而是應該好好想想孩子為甚麼會被排擠。假如孩子年齡小，遊戲跟不上大一些的孩子，那不必驚慌，這是正常現象，家長可以在旁守候等待；當孩子看向你時，你也投向他一個微笑。孩子被排擠，有時是不自覺的，而是大人的擔心，是大人把自己對孤單的恐懼轉移到孩子身上。

或許，孩子只是在旁邊觀察、模仿和學習呢。如果家長可以保持冷靜，孩子就不會覺得有甚麼不妥。現在世界的嘈雜多於安靜，從小學會享受安靜的世界，也是難得的修養。當然，也有些孩子真的就是怕和其他小朋友接觸，處於被動、不敢靠近群體的行為。那麼，這個就要尋找一下其中的原因了。

第 3 章 · 社交篇

91

陪伴孩子的大人本身就不合群

我見過一些祖父母輩帶孫兒在公園玩的時候，總是距離其他帶孩子的群體很遠。有的祖父母看到孫兒去找其他小朋友玩，還會把孩子喊走，不論孩子多麼不情願，也硬要把孩子從人群中脫離出去。大人不合群，帶着孩子遠離群體，孩子漸漸也就不會融入群體中。

這時，父母不能去責備孩子的祖父母，而是可以和孩子交談「今天你們在外玩得怎麼樣啊？」由此來引出孩子在外面的感受。切忌不要問：「今天你和哪個小朋友玩？」或者「今天你交了幾多個朋友？」這樣一問，都容易讓孩子把與其他小朋友的結交視為任務，久而久之，孩子反而不會真心結交朋友了。

家長過於鼓勵孩子交朋友

家長過於鼓勵孩子交朋友，許多時會在潛台詞中「批評」孩子不善交朋友，讓孩子覺得自己在交朋友這件事上很無能。孩子內心受挫，行為上就會反其道而行之——「你讓我交朋友，我偏不。」每一個孩子如果沒有父母的評價，他們會覺得自己做得都不錯，而正是有家長的評價，尤其是為孩子樹立「誰家孩子怎樣怎樣」的榜樣，孩子的自尊心受到打擊，他就會本能地反抗；反抗不能表達出來，就會在心裏積習成反叛情緒。

如果上述的情況已經發生，孩子已經很孤單，那就隨他去，家長要做到不聞不問，讓孩子保留一個自己的心靈空間。如果你一定要說些甚麼，就在適當的時候，語氣溫和地說：「看來你很享受一個人的狀態，獨處的感覺是不是很好呢？」注意表達是，是他人值不值得你，而不是你值不值得他人，這樣孩子的自尊就會慢慢回來。

先要緩和孩子的不安

我曾經接觸過一個男孩，因為在他 3 歲之前，媽媽忙於工作，把他帶到婆婆身邊，疏忽了孩子的成長，到他 3～4 歲了，才發現孩子不太會説話，吐字模糊，這才急忙四處求醫。最令這個媽媽傷心的是，孩子自上了幼兒園，變得沉默寡言、情緒低落。有一次這個媽媽去接孩子放學，發現自己的兒子被幾個同學圍着，你一言我一語。媽媽連忙走過去，有女生説：「阿姨，我們不喜歡他，他説話都説不清……」這個媽媽當時的心情可想而知。孩子智力沒問題，並且在某方面的測試分數還是超高的，但就是因為言語的問題，孩子屢屢受挫，導致孩子的社交退縮。

當家長發現孩子有可能出現上述問題，而導致和其他小朋友在一起被排擠的時候，可以找一些理由，比如「該回家吃飯了」，先把孩子離開這個場所，並且不要去詢問孩子，只需帶孩子去一處他感覺舒服的環境，這需要家長的細心和耐性。

有能量的説話

孩子和小朋友在一起總是被排擠。可以回應：

「今天你們在外面玩得怎麼樣啊？」

「有沒有誰值得你和他一起玩呢？或者有沒有誰是你願意和他一起玩的呢？」

「你可以試試看和哪個小朋友玩比較舒服。」

心理小知識

獨處，對於自我成長是有非常重要的意義。不被打擾的獨處，可以讓孩子的內心寧靜，達到身心統一，可以開發想像力和創造力，培養孩子的專注能力和探索能力，還可以培養獨立解決問題的能力。家長要適時觀察，當孩子專注於自己的事情時，不要貿然打擾；當孩子呼喚大人時，就要及時回應。這樣孩子在安全感足夠的條件下，可以安心地獨處。

04 孩子跟朋友談八卦事

有句老話「誰人背後無人說，誰人背後不說人」，只是看你怎麼說。談及別人的八卦，似乎是我們人類的共性。不分男女老幼，不分國籍人種，除了個別修養很高的人之外，幾乎沒有人不曾討論別人的長短。

八卦是發展友誼的一種方式

八卦是有其神奇作用的。孩子只有在「我比誰誰誰更好」的自我意識下，才可以找到「自己還不錯」的感覺。同時，在和別人談論某人不好，才可以更清晰地表達自己的立場，才可以和別人結成「盟友」，只有在出現對立面或者「敵人」的同時，大家才可以找到「結盟」的目標和動力。

當家長聽到孩子在和朋友聊天時，談及其他小朋友的不好，就知道，孩子其實是在和朋友尋找共同的屬性，以便更好地發展友誼。只不過，這樣結成的友誼是很脆弱，一旦發現自己和這個朋友在某些立場不一樣時，會遭受打擊。並且，假如他們談論的對象，又與其中一個人因某些機緣而結成好友，那麼另外一起談論這個同學的其他人，就會擔心自己是否被「出賣」，而造成另外的矛盾或衝突。

紓解個人鬱悶

人在成長的過程中會遇到不快，孩子更會在成長過程中遇到許多困惑，比如覺得自己的一些行為和想法不正常、看到某同學的做法自己不接受等。只有偶然和朋友談起這些，然後對方「我也有這種想法」的回應，孩子才會如釋重負，把自己從恐慌中解放出來。這些，家長往往是不知情的，有些孩子講起自己的這些「小秘密」時，家長是很震驚的。

一般而言，孩子在談論其他小朋友不好的事情時，家長擔心「孩子是否會變得很八卦呢？」這時家長可以評估事情的性質，然後和孩子一起分析，給孩子一個正向的引導。但要注意措辭和語氣，因為現在的孩子很敏感、懂得更多、眼界更寬，甚至成熟得更早，他們更在意父母和他們是否在平等對話。

最好的談話方式是使用問句

家長在發現孩子跟熟悉的朋友聊天時，談及別人的不好時，先不要急於干預，可以多聽聽孩子們在談甚麼；等到孩子談論完之後，再單獨和孩子聊聊。可以說「我剛才聽到你們在談論某同學的事，發生了甚麼，讓你們這樣談論呢？」。

孩子如果和你分享了他的事情，家長也不要急於發表看法。和孩子最好的談話方式是使用問句。可以在問句的前面加上「我很好奇」或「我不太明白」又或「這個地方你是怎麼想的」等。問話的好處是，你不知道就不會貿然評論，問話還可以幫助孩子澄清一些細節，問話可以促進孩子自己思考、鍛煉思維。問話可以表達父母對孩子的關注，建立更和諧的親子關係。

有能量的説話

孩子跟朋友談論別人不好的事。可以回應：

> 「我剛才聽到你們在談論某同學的事，發生了甚麼，讓你們這樣談論他呢？」

心理小知識

心理學中可以用「鏡像自我」來解釋人類這種八卦的行為。「鏡像」就像照鏡子一樣。「鏡像自我」指出，從別人眼中反照出自我形象，自己的人格品質，認知特點以及社會、經濟、政治地位等，不僅可以通過自省來加以認識，而且可以通過與他人交往，從他人對自己的看法和態度來加以認識。俗話説：「要了解自己，別人就是一面鏡子。」反之亦然。

05 孩子覺得交不到真心朋友

從發展心理學角度看，孩子在 3 歲左右的時候，偏愛同性夥伴。在 3～4 歲時，小孩依戀同伴的強度，以及建立友誼的同伴數量有明顯增長。幼兒的友誼多半建立在地理位置接近的小夥伴；或者關係接近，比如來往較多的親戚的孩子、父母同事的孩子或朋友的孩子等。

學習理解和尊重他人

某車友會，車友們的孩子每個月都隨父母參加一、兩次的聚會，孩子會在其中選擇發展友誼的夥伴，孩子在喜愛共同的活動，或擁有有趣的玩具的基礎上，很容易建立友誼，也很容易讓關係破裂。

有家長問，孩子以為某小朋友是自己最好的知心朋友，突然一天發現這個小朋友並不是自己心目中的那樣，形象破滅，便對友誼產生懷疑；或者與周邊環境格格不入，一直找不到好朋友，尤其是長大後，這樣的問題可能一直帶着。家長怎麼幫助孩子呢？這時，家長要帶領孩子度過「情感挫折期」，和孩子分析交友的初衷是看中對方的甚麼品質。家長要幫助孩子了解更多的人格特質、性格和做事風格，讓孩子了解每個人都各有特質，教會孩子理解和尊重他人，教會孩子可以建立相互支持、相互幫助的情感模式等。

了解孩子的友誼世界

有數據統計，影響兒童、青少年選擇朋友的因素大約分為 4 種類型：(1) 相互接近。幼兒階段多以這類因素結交朋友。(2) 行為、品質、學業成績和興趣相近。這一類，小學所佔人數為 50%～65%，尤以二、三年級最多。(3) 人格尊重並相互敬慕。(4) 人際交往中的協同關係。

孩子的友誼世界，是「分分合合」的，這是孩子在幼兒和童年期心理發展的特點，家長不必過於干預。有時候，孩子並不是真想要得到大人的幫助，他只是想在自己不知道如何應對，家長只需耐心傾聽，並表示接受孩子的困惑，理解孩子的苦惱就好。

缺乏年齡相近的親人

有些孩子表示：「我只是想跟媽媽你説一説，並不是想聽你教育我」，於是媽媽很困惑地問孩子：「那你為甚麼要告訴我」，孩子説：「我只是想找個人説話，我又不能去和陌生人説吧。」不少孩子表示：「媽媽你聽着就好了，我説完就舒服」。

現在的孩子由於很少有年齡相近的兄弟姐妹，他們本該和同齡人講的話，卻沒有親密安全的對象，他最可信的談話對象只有父母，即使有兩個孩子的家庭，大孩子與二孩的年齡差距有時很大，他還是無法去和弟弟妹妹講這些。所以，孩子只有選擇和父母去講自己的友誼困境。家長大多在扮演一個「聽筒」的角色，孩子有可能自己説着説着，心結就解開。

有能量的說話

孩子覺得交不到真心朋友。可以回應：

> 「你可以試着多和小朋友交流交流，看看能否有合得來的地方，然後和媽媽分享一下。」

> 「每個人都有自己的特點，媽媽很欣賞你的……，你也可以找找看你喜歡的小朋友的獨特之處。」

心理小知識

海德格爾說：「人是在回應語言的意義上講話，這一回應就是傾聽。」傾聽的本質是接納。傾聽的關鍵是「傾」，蘊含着積極、主動、關注和愛。「傾聽」不是普通的「聽到」，而是需要專注地聽、用心地聽、不帶主觀評判地聽、有回應地聽。父母用心傾聽孩子的心聲，孩子講話的時候被父母重視和尊重，孩子覺得自己說的話是父母願意聽的；孩子會學着父母的樣子，傾聽別人的說話，更容易獲得友誼和別人的好感。

06 孩子交友被拒絕

大人交友尚有志趣相投的原則，孩子也一樣。孩子有天生的特質和喜好，他們會去尋找自己覺得有眼緣的小朋友來交往；再者，在幼兒期的友誼多半建立在地理位置接近，比如鄰居、經常來往的人，孩子喜愛共同的活動或擁有同樣有趣的玩具；建立在這樣基礎上的友誼，來得快，去得也快。

家長的態度影響孩子的判斷力

孩子交友被拒，未必是孩子自己的問題，或許是那個孩子不懂得如何交友，甚至不知道如何回應；或許，那個孩子此時此刻不覺得你的孩子是他想要交往的，等過一些日子，那個孩子有可能又會主動來找你的孩子。只是看家長知道了以後，是怎樣的態度，這一點很重要。

案例分析

逗孩子一笑，就沒事了

洋洋是個 5、6 歲的女孩。洋洋的媽媽是讀教育學的，對孩子的教養和教育非常用心，洋洋的生理和心理質素都非常健康，身高也比一般孩子高，性格也很大方開朗，顯而易見孩子

的安全感足夠。孩子在遊樂場或課外興趣班等地方，經常主動和小朋友接近，但常常遇到其他小朋友的退卻和不理睬，洋洋不知道如何是好，感到沮喪。而洋洋的媽媽每次都很耐心地和孩子交流：「沒關係的，可能那個小朋友覺得和你還不熟，你可以先自己玩。遇到和你喜歡玩一樣遊戲的小朋友，你們就可以很自然的交朋友了。」家長的耐心和包容，再加上從孩子角度的解讀，孩子很快就釋然了。

◤ 「有的時候，我看不是甚麼很大的事情，我就逗孩子微笑，做個聳肩的動作，孩子也就沒事了。」洋洋媽媽這樣對我說。這樣一位有智慧的媽媽是不是給各位家長一個重要的啟示呢？

案例分析

抱抱孩子，效果已很好

　　我家樓下的公園，每天下午都有很多小朋友和大人，三五成群的。我從小就喜歡小孩，每次路過都會停留看一會。有次，只見一個 3、4 歲的男孩去拉另一個更小一點的男孩的手，那個更小一點的男孩一下就甩掉了對方的手。這個 3、4 歲的男孩愣了一下，大哭出來，跑向幾十呎以外的媽媽，一把抱住媽媽的腿哭得傷心。這個媽媽卻推開孩子說：「哭甚麼！有甚麼好哭呢！不就是人家不跟你玩嗎？有甚麼可哭的！真沒出息！」這個媽媽一邊斥責孩子，一邊推開那小小的、哭聲愈發大的孩子。我看不過去，走過去一些，盡量小聲對那個媽媽

說：「你蹲下來抱住他，安慰一下就好了。」

　　那個媽媽警惕地看了我一眼，聲音小了一些，但仍在斥責孩子。我趕忙知趣地走開，走去遠遠的時候，回頭正好看見那個媽媽蹲下來，抱住孩子的肩膀，本來仍舊大哭不止的孩子，一下子安靜了。「好神奇！」我偷偷微笑了。

　　孩子對於小朋友的拒絕大部分會覺得沒甚麼大不了，如果大人不去管他，這樣的事情孩子自己也會過去，孩子會根據大人的態度判斷事情的好與壞。對孩子起作用的是家長的態度，尤其是媽媽的態度，因為做母親的比起做父親的有更多擔心、更多焦慮、更多期待。

有能量的說話

當爸爸媽媽知道孩子交友被拒絕時。可以回應：

> 「他不和你玩，你是不是很不開心呢？你能和媽媽說說你是怎麼和他說的嗎？」

> 「他不和你玩一定有他的理由，你可以問問他為甚麼不讓你和他玩啊？」

心理小知識

及時而正向的引導，是從小培養孩子社交能力的預先練習，可以通過動畫片、漫畫來進行教育引導。要注意，就是不需要在孩子自己可以獨處的時候打斷他、勉強他去交朋友。

07 孩子不肯分享玩具

記得有一次，有小朋友看上了兒子的幾輛四驅車，但他不願意給小朋友拿去玩。我當時就覺得孩子的行為讓我很沒面子，覺得這樣很小氣，於是就批評孩子。結果孩子很委屈地説：「為甚麼我的就要給他，可他從來也不給我他的玩具呀！」後來，有一天他那盒四驅車忘了在樓下，遺失了；為此，孩子難過了很長時間。

清晰確立人際界限

孩子不肯和別人分享玩具，我們不能單純認為是孩子有問題，而要看具體的情況是怎樣，比如我自己這個例子，我覺得孩子説的話有道理。為甚麼我們要把自己的東西分享給別人呢？是人家要嗎？如果是人家來要，我們就要給，是我們覺得不給就不大方、就小氣嗎？如果不是人家要，而是我們覺得自己有，不給人家不好意思，那麼是不是也是看不起人家，在炫耀自己有呢？所以，當我們想着要分享，而沒有一個必須分享的理由的情況下，其實可能是我們的人際界限不清晰。

我們希望和他人的邊界相互交叉，這樣可以在我們自己需要幫助的時候，對方也同樣給予我們幫助。但這裏有一個風險——我們的付出，未必會換來同等的回報，那個時候，我們會覺得委屈。

家長可以做「支持型的旁觀者」

當孩子不願分享玩具的時候，就問孩子：「你不和小朋友分享玩具，一定有你的理由，可以告訴我嗎？」孩子的理由無論聽起來有多不合理，家長都要站在孩子那邊，但也不要傷及別人的孩子。家長可以做一個「支持型的旁觀者」，所謂「支持」，是指支持孩子自己去和小朋友溝通和協商，鼓勵孩子自己表達想法，而不是通過家長代言的方式。「旁觀者」指的是家長不捲入孩子的世界，而是站在旁邊讓孩子自己解決問題。

家長可以對孩子說：「原來你是這樣想，那你看看怎麼和小朋友把你的意思講出來好嗎？我相信你能講清楚的。」然後，可以做一個鼓勵的動作，比如和孩子擊掌。家長切記不可把孩子「不願和小朋友分享玩具」這件事放到道德層面上，因為幼兒期的孩子或兒童期的孩子，都處於道德發展的初期階段，家長可以引導孩子樹立正確的觀念，但一定要給予孩子正向的道德肯定。

有能量的説話

孩子不肯分享玩具。可以回應：

> 💬「他想要你的玩具，你不想給他，假如你想要他的玩具，希望他給你嗎？」

> 💬「你也不喜歡別人不給你玩是吧？那我們就學會分享。大家可以相互交流，是不是很開心啊？」

> 💬「他有一次也不給你玩他的玩具，是不是他那時有自己的理由呢？不管怎樣，我們可以原諒他嗎？」

**心理
小知識**

隨着自我意識的發展，兒童自主慾求也逐漸提高。從對母親的全面依賴，向一定程度的自立狀態發展，對父母的幫助、指示、禁止總是用「不」來反抗。這也是第一反叛期的出現，這時家長切忌強硬地要求孩子做甚麼，而是要尊重孩子的想法，試着理解孩子的需求。可以幫助孩子嘗試換位思考，但切記要符合孩子的年齡階段和認知的發展階段。

08 孩子霸道，不肯與別人合作

普遍而言，兒童期的孩子在和同齡小朋友相處的過程中，顯得「霸道」的，多是各方面能力比較強，自尊心也比較強的。他們可以自己玩得很好，他們不需要合作就能達成自己想要的目標，他們可以享受一個人的獨處，還能夠統籌多人參與活動，甚至有些孩子很具有指揮才能。

過度的控制，因為怕失控

「霸道」的孩子還可以招致一些年齡小、膽怯、能力不足的孩子來追隨，但有一個條件，就是這些孩子得聽他的。否則，就不允許某個孩子的加入。對於這類孩子，家長需要認可孩子的能力，從正向的角度加以引導，保護孩子的自尊心和領導力；但也需要引導孩子尊重其他小朋友，尊重其他人的意見，讓他學會看到別人的長處。

這樣的孩子也怕失敗，怕在和其他小朋友交往的過程中暴露了自己的缺點。如果自己獨處，不和人合作，就不會有「比較」的風險，也不會有被「評價」的風險；但不合作也會被批評或被指責，那麼更好的辦法是態度的強硬，拿出「霸道」的姿態，先把他人鎮住，以便保住一個「最好的自己」的自我意象。保住了自尊，也保住了自信。

孩子霸道，家長也有份

「霸道」是一種控制，控制他人、控制他所能觸及的事物與環境，而過度的控制，反而是怕失控，這也是心理防禦機制在起作用。心理防禦機制的目的是不讓自己的那個「小心靈」受傷，為了讓自己覺得自己還不錯。

心理防禦機制會隨着年齡的增長而不斷變化和升級。心理學家曾總結出多種心理防禦機制，包含了人們在日常生活中，幾乎所有保護自己心理感受的方法；心理防禦機制也分為低級和高級。有的人終其一生，都會活在一個「架」起來的自己中，不能面對真實的自我。

防禦機制是在我們早期的經歷下逐漸形成的。「霸道」是怕失控，而失控，多數是因曾經失去過控制或被控制得很難受，才會不想再體驗那樣的感受。所以，在孩子「霸道」這件事上，家長也有份；家長可以反思一下自己和孩子的互動中，是否過於展現控制的一面，以至孩子在家裏沒有施展控制的地方，轉而要在和小朋友的交往中，控制彼此的距離。

給予孩子充滿愛的家庭環境

當家長看到自己的孩子很霸道，不願意和小朋友合作時，可以對孩子說：「我看到你似乎不願意和小朋友合作，可是我也知道小朋友其實很想和你在一起。那可以告訴我，是甚麼東西不允許你和小朋友合作相處呢？這個「甚麼東西」的「外化」表達，可以暗示把孩子本身和他的行為分開，從而把孩子從一個不合群的「自我設定」中解脫出來。

所有的孩子問題，幾乎都是家庭關係帶來的。對孩子的控制，多是因為父母的某一方覺得在兩性關係中不愉快，又無法控制對方達到自己想要的關係模式，那就會把孩子作為實現自己控制的工具，容易促使孩子尋求自己實現控制的「突破口」。

有能量的説話

孩子比較霸道，不肯與別人合作。可以回應：

> 「媽媽（爸爸）希望你能和小朋友友好相處，可以尊重別的小朋友的意見。」

> 「你是希望小朋友都聽你的嗎？為甚麼這樣希望呢？能講講嗎？」

小朋友對異性說：「我愛你」

蒙特梭利教育理念認為，兒童在早期發展階段有幾個「敏感期」。這些敏感期包括：空間敏感期、語言敏感期、認識和書寫符號敏感期、閱讀敏感期、性別敏感期、婚姻敏感期、身份確認敏感期，文化敏感期等。

5～7歲的孩子展開「婚姻敏感期」

　　大概 4 歲的時候，孩子最重視的就是誰是男孩、誰是女孩。如果有人去洗手間，他們一定要跟着去，原因是想觀察人家到底是男孩，還是女孩，這就意味孩子到了「性別敏感期」。

　　5～7 歲的時候，孩子便真正展開「婚姻敏感期」，他們會「愛上」一個小夥伴，只給自己喜歡的小朋友分享好吃的東西，而且經常在一起玩，產生矛盾時也不願意讓其他人干預。總之，他們想擁有屬於自己的空間。

　　心理學家塞爾曼在兒童友誼發展階段中指出，4～9 歲的兒童表現為，誰能滿足他的需要，誰就是朋友；不重視朋友的意見，基本上按自己的心願或想法行事；友誼的形成很快，也易結束。友誼處於「短期遊戲夥伴關係階段」到「單向幫助關係」。這時候的孩子在情感上沒有完全發展到能夠重視別人的感受，所以，孩子會根據自己的喜好來表達情感，比如說「我

愛你，我想和你結婚！」

　　孩子所説的「我愛你，我想和你結婚」並不是大人所想的「愛」、「結婚」，這時家長可以怎麼做呢？就是忽略這件事或者淡化「結婚」這個概念。如果你只是在一旁聽到孩子對其他小朋友説「我愛你」，你可以當成沒聽見，這是孩子在這個年齡階段心理發展的正常現象。

站在孩子的角度去回應

　　假如孩子自己告訴你「我今天和同學説：『我愛你，我想和你結婚』！」你可以很好奇地問：「哦？是嗎？看來你很喜歡和他（她）一起玩啊。」這個回應是站在關注孩子歡喜與否的角度上。不要問：「哦？她（他）答應了嗎？」或者「你為甚麼想要和她（他）結婚啊」，這個問法是關注孩子本身以外的事情，不是關注孩子本身感受的。

　　當然，還會有其他的情形，是我們預測不了的。但無論是甚麼樣的情形。家長只需知道孩子世界的「愛」是單純的，若是出現複雜的情形，家長需要審視一下自身的做法。孩子在任何階段都需要家長的包容和淡定的處理方式。

有能量的說話

小朋友對異性同學說「我愛你」。可以回應：

💬「看來你很喜歡和他（她）一起玩啊。」

💬「你可以試試其他的提議，比如做好朋友、一起玩，你覺得怎麼樣？」

心理小知識

友誼是同伴關係的高級形式。童年期的兒童非常重視友誼關係。友誼為兒童提供了社會交往中的相互支持、情感上的共鳴、解決問題和困難的力量、增加快樂和興趣等。童年期的友誼會為以後發展良好的人際關係奠定基礎。

10 孩子「早戀」了

對於年紀大一些的孩子，大人就會將孩子之間親近一些的表現和「戀愛」聯繫一起，比如小學五、六年級，孩子正處於青春期的早期，對性別的意識較為清晰。此外，許多孩子在性徵上表現出早熟的現象，心理也趨於早熟；加上學校、家長和社會的廣泛強調孩子「早戀」的現象，無一不在加深孩子對「早戀」二字的好奇。

及早了解孩子的「早戀」

家長對於孩子的「早戀」，可以先從以下幾個問題入手：

1. 你是如何知道孩子「早戀」？是孩子告訴你，還是從其他人那裏得知？

2. 你知道孩子如何解釋他們的關係嗎？孩子自己認為這是「早戀」嗎？

3. 你了解孩子「早戀」的表現是甚麼？你如何斷定孩子的表現屬於「早戀」？

4. 你了解孩子為甚麼會與另一個孩子「早戀」嗎？孩子喜歡的是對方的怎樣的？

5. 孩子「早戀」對象的家長知道嗎？

6. 還有誰知道這件事？他們的言論是否對你有影響呢？

7. 你知道孩子想如何去「戀」嗎？

8. 你了解「戀愛」給孩子帶來的好處是甚麼嗎？

9. 你知道你的孩子期待父母如何對待他的「早戀」嗎？

隨着對上述問題的思考，或許有些家長對孩子「早戀」這事上有了新的認識。

情感沒有得到滿足

部分孩子的「早戀」，是因為原生家庭中的情感需求沒有得到滿足，比如安全感、依戀、信任、認可等。孩子想從父母那裏得到的情感滿足，父母沒有給他；那麼在潛意識中，他會去接近那個他覺得像是他所尋找的情感來源。

有一個男孩，從他半歲不到，就被送到爺爺嫲嫲家裏撫養，父母則在另一個城市工作。父母覺得自己的安排很安全，爺爺嫲嫲也盡心盡力，可是這個男孩突然在小一時向父母宣佈他喜歡一個男同學。父母一下子慌了神，趕忙四處找心理學家，當我們見面時，媽媽傷心地問我說：「我的孩子同性戀了，老師，怎麼辦？」當我問這個孩子喜歡那個男生甚麼的時候，他説：「他高大、有力量，可以保護我。」我又問「他也喜歡你嗎？」他説：「他不知道我喜歡他，我沒告訴他。我就是想看到他，想摸着他的胳膊。」這個男孩想要的，是不是一個父親的感覺呢？可是他真實的父親從他小都沒有陪伴過他。

「非暴力溝通」4 步法

當家長面對孩子的「早戀」問題，可以用「非暴力溝通」的 4 步法與孩子溝通：

1. 我看到（聽説）你和某朋友關係很好。

2. 我很好奇你們是甚麼樣的朋友。

3. 我希望你和好朋友可以互相促進學習和共同進步。

4. 你們是否可以做到呢？

上面 4 步法中相關語句的含義是：

- 「關係很好」，而不説「早戀」，代表大人沒有作出自己的定義，而是觀察到孩子的關係是很好的。我認識的一個男孩曾被媽媽問是否「早戀」，孩子着急地説：「你們大人怎麼這麼複雜！我們就是純潔的好朋友！」

- 「好奇」，代表不知道、不來評判，只是作為家長很好奇孩子的事，關注的方面是自己孩子和對方孩子是怎樣的。

- 表達家長對孩子的期待是，我需要你們是可以彼此幫助的，而不是別的。

- 表達對孩子的尊重，「你們是否可以做到呢？」不是「你」，是「你們」，這樣孩子不會覺得家長要把他們拆開。

當孩子得到家長對他發展友誼的尊重，了解到家長其實是可以溝通，並給予他想要的情感需求和支持的時候，他就不會「陷」在「早戀」的關係中，而可以走出來，面對更豐富的關係世界了。

心理小知識

從發展心理學角度來看，9～12歲的友誼是雙向幫助關係，「順利時的合作」但不能「共患難」；約12歲以後才會發展出親密而又相對持久的共享關係。

第 **4** 章

關愛篇

父母學會表達愛，孩子走到哪裏都充滿力量。

01 孩子不尊重家中的長輩

剛開始組織家庭時，許多人都是享受二人世界，家庭簡單，但當有了孩子，不少家庭都需要找長輩幫忙。相處久了，長輩和孩子難免產生摩擦，隔了幾十年的年齡差距，當然有「代溝」。你看到孩子皺着眉頭，對爺爺嫲嫲、公公婆婆大喊：「我都説了我不要，你很煩啊！」孩子這樣説，老人家當然委屈。

相信孩子和長輩能自行解決

我曾看到一個媽媽在上述情境下一聲不吭，後來問這個媽媽，她説：「我不知道説甚麼，家裏老是這樣，我也沒辦法，我一説孩子，孩子就發脾氣。我要是向着孩子，我媽就委屈。」我問她：「假如你不參與其中呢？」媽媽想了想：「有過，好像一會孩子好了，就會來哄爺爺嫲嫲，老人家也不再生氣了。」作為孩子的父母，遇到這種情況時，首先要相信孩子和老人家是可以自己解決的。

無論家長了解事實的真相有幾多，千萬不要如此訓斥孩子：「幹嘛對爺爺嫲嫲這麼説話！沒大沒小⋯⋯」也不要説：「你怎麼這麼沒禮貌啊！爺爺嫲嫲照顧你容易嗎？」這樣的話語容易引起孩子的反駁：「我沒讓他們照顧啊！」老人家聽了會更生氣。同樣，也不能對老人家斥責和抱怨。你可以站在中間立場問：「究竟發生了甚麼？」

不要夾在雙方中間做評判

對孩子，你可以告訴他：「或許你有道理，但有理更要好好說啊！」首先給孩子一個理解——他不是無理取鬧，即使他真的是無理取鬧，家長可以用正向的語言來引導，不出三五次，孩子就會有改變。孩子最需要的是父母的認可和包容。

對長輩，你可以說：「對不起！媽（爸）讓你費心了。你不要生氣，身體要緊（同時可以輕撫長輩），我和孩子單獨談談，好嗎？」需要的時候可以給老人家倒杯水，之後拉着孩子去單獨的房間了解事情原委。

有能量的說話

孩子不尊重家中的長輩。可以回應：

「究竟發生了甚麼？」

「或許你有道理，但有理更要好好說啊！」

心理小知識

在家庭關係中，每個人和其他人都會有自己的相處模式，所以你會看到孩子對每一個家人的態度都不同。如果兩個人的關係再加一個，就會變成「三角關係」，那就容易失衡。家庭中的「三角關係」很難保持「正三角」，多少會有近此遠彼的情形。處理家庭關係，就像把一團雜亂無章的毛線理出頭緒，在愈簡單、愈單一的狀態下，愈容易讓關係的雙方達成一致，建立和諧的相處關係。

第4章・關愛篇

119

父母一說話，孩子就嫌煩

每當遇到家長問：「為甚麼我一說話，孩子就煩呢？」我會反問：「你說的甚麼讓孩子煩呢？」家長一般都會說：「我就是管他的學習和生活呀」。家長管教孩子，本來沒有錯，但關鍵是怎麼管，管的時候都怎麼說的。

多一些信任，少一些督促

下的孩子生活在一個話語權非常強的年代，這是時代的進步帶來的，尤其是許多家庭大多生一至兩個小朋友。「小王子」、「小公主」是每個家庭的中心，一個孩子吸引了全家的關注，孩子不僅可以參與大人的談話，甚至可以成為全家談話的主宰者。孩子在這樣的社會和家庭環境中長大，他的獨立意識增強，代溝的層次感降低，換句話說就是孩子對老人家和大人的服從會減少。

可是，上一代人不是在這樣的環境下長大，他們的「輩分」意識還很強，還停留在「家長意識」之中，加上「不要讓孩子輸在起跑線上」等口號鋪天蓋地，家長的焦慮增加，生怕自己的疏忽造成孩子的遺憾。心態會影響情緒，情緒會影響語氣，家長一開口就讓孩子煩的那些話，一定是孩子覺得不好聽的。

有能量的說話

父母一說話，孩子就嫌煩。可以回應：

> 「你長大了，我相信你有自己的判斷和想法，媽媽（爸爸）相信你可以做得很好。」

**心理
小知識**

「代溝關係」泛指老人家與年輕人，如家庭中的父母輩或祖父母輩與兒女、孫子輩的關係。老人家與年輕人因為生理上、心理上、角色和社會地位，以及生活經歷的不同，在行為和認知上產生差異，不同年代的人各自具有以自身群體為中心的價值觀。

03 孩子總是對父母發脾氣

發脾氣是不好的，一旦發了一次，仿佛打開了密封的「蓋子」，以後撬開就方便。況且，發脾氣是可以「傳染」的，家裏一個人發脾氣會燃起另一個人的情緒，使本來想好好說話的那個人，瞬間爆發壓抑的怒火。父母愛發脾氣會遺傳給孩子，孩子發脾氣會激怒家長。如此循環往復，家中就變成「戰場」。

了解發脾氣背後的原因

大部分父母看到孩子發脾氣時會斥責，並為此動怒、傷心、痛苦，會被孩子的壞脾氣弄得心痛，但家長很少去問孩子為甚麼發脾氣，一句「他脾氣不好」就給蓋棺定論了。

美國哈佛大學心理學教授丹尼爾·戈爾曼認為：「情緒意指情感及其獨特的思想、心理和生理狀態，以及一系列行動的傾向。」一些神經科學家從實驗中得出結論：快樂和憤怒的情緒並不是一開始就被植入我們的大腦中，換言之所有情緒都不是與生俱來的。所以，無論上述哪個領域對情緒的解讀，可見情緒並不會無緣無故的，家長需要了解孩子發脾氣的原因，才能化解孩子的情緒。

孩子從生下來就有自己的獨特需求，這可以稱之為「天性」，父母也有自己的天性，如果父母和孩子「匹配」，父母和孩子的脾氣秉性比較「合」，那麼父母就容易去接納和滿足

孩子的需求，孩子可以獲得安全感和被接納的感覺，形成一個正向的自我概念。但假如這個孩子的行為和大人有衝突，這就為孩子以後的發脾氣埋下伏筆。

發脾氣都有無法表達的需要

　　家長可以留意，孩子發脾氣大多在甚麼時候，是否孩子的要求得不到滿足，這時家長可以拋棄以往應對孩子的方式，因為那個方式已經不起作用。最重要的是，要讓孩子停止發脾氣；然後問他：「如果不發脾氣，究竟想説甚麼？」其實，每一次發脾氣的背後都有一個無法表達的需要，既然過去孩子覺得無法表達，那麼可以從現在開始，幫助孩子學會好好表達，並且父母要做到可以「好好傾聽」孩子講的是甚麼。

　　還有一類家長，為了讓自己成為好父母，就一味遷就孩子；這樣孩子會被養成脾氣大的「王子」或「公主」，由此家長要站在教育孩子的角度給他立規矩，同時要強勢一些，孩子才能在符合社會規範的前提下成長。

心理小知識

　　家長的態度和孩子的焦慮情緒是息息相關的。家長只需要在日常和孩子的相處中，尊重孩子的想法，傾聽孩子的心聲，讓孩子覺得被父母關愛，那麼孩子就會在父母那裏獲得情感的需要。情感得到滿足的孩子，在情緒上就會趨於平靜。孩子就慢慢不需要靠發脾氣的方式來表達需求。

04 除了「我愛你」，還有甚麼話可以向孩子表達愛？

不知從何時起，家長學會了「寶寶我愛你」這樣對孩子的表達方式。久而久之，孩子聽慣了，家長也說多了，甚至有些孩子還會質疑家長「你真的愛我嗎？」、「你就是這樣愛我的嗎？」等。從心理學來講，孩子會看中父母是如何做的，而不是如何說的，因為眼睛是比耳朵更讓人覺得可信的。

具體讚美孩子的正面特質

　　一般家長說「寶寶我愛你」時都會有一個情境，很少會平白無故地說。在表達讚美時，有一個原則，是每個人開口讚美人時，要先說：「（對方的名稱），我愛你，我愛你的……」當家長的肯定能夠具體，告訴孩子他看到孩子身上的積極面，比如「我看到你做功課時很專注」，又如「今天你自己刷牙了，媽媽覺得你很本事」，孩子才能感受到你對他的關注，並對你的讚美和鼓勵予以正面回應。

　　其實，「我愛你」這個表達很概括，所以家長可以多觀察、深思考；當你想對孩子說「我愛你」時，你真實的想法是甚麼，是希望他自信、希望他有活力，還是希望他怎樣。有了

希望才有目標，才會對孩子說：「我看到你怎樣怎樣，我覺得那個時候你都閃亮了，好可愛，我喜歡！」

案例分析

孩子缺乏自信，所以害怕上學

有一個小學一年級的女孩，沒多久就不願意去學校。來找我諮詢的時候，媽媽已經很頭痛，媽媽說：「我每天哄她去上學的時候，都會說『寶貝，媽媽愛你，你好好去上學啊』。」可是孩子就黏着我，始終不願去上學，到現在已經好幾個月沒上學了。我問這個媽媽為甚麼天天對孩子說「我愛你」呢？她說，是想讓女兒知道即使送她到學校也不會不理她；我再問：「是甚麼讓她覺得媽媽把她放到學校就不理她呢？」媽媽說：「是因為孩子有次在學校受了欺負不敢說，老師發現後找她，但她當時有事沒有及時趕到學校，讓孩子受驚」。

看來是孩子被嚇到，媽媽才努力用語言表達「寶寶，我愛你」，但孩子依舊害怕上學。所以，家長應該在孩子能夠安心上學時就告訴她：「媽媽會和老師講，一旦有小朋友對她不友好，她就可以告訴老師，讓老師告訴父母。」同時，我讓家長提升孩子的自信心，表揚孩子在上學期間的每一點進步。

 由此，家長觀察到孩子的正面特質，發現孩子自身的能力，並給予讚美，讓孩子得到鼓勵；基於這些出發點來面對孩子的成長路，孩子會越來越好。

有能量的說話

除了「寶寶我愛你」，還有甚麼話可以向孩子表達愛？可以回應：

💬「我看到你做功課時很專注，我很佩服你的專注。」

💬「今天你自己⋯⋯了，媽媽覺得你本事了，好棒！」

💬「這個不是那麼容易的，你是怎麼做到呢？」

心理小知識

在現代心理學中，關於如何讚美的原則是，平實，以現實為基礎，要有自己的標準或社會公認的標準；非評價的、表達充足的、看到的優先表述；不拖延的立即表達或回應；不帶有家長明顯的期待（因為期待也是一個壓力）；符合心理健康和倫理的、表達家長清晰界限的、有一致性的、為孩子健康成長、體現關心的讚美等。

家長要在孩子面前表露出「賺錢辛苦」嗎？

一些家長想要告訴孩子生活不易，督促孩子進步，有時會流露出「為你，家裏花了多少多少錢」，或者「爸爸媽媽掙錢很辛苦，你要好好學習，將來能有好工作，不要像我們這樣辛苦啊」的感歎。

言談舉止像大人的原因

在一次活動，我看到一個年輕媽媽常掛在嘴邊的兒子，男孩剛上小學，很瘦，但也能看出骨骼很有力量，眉頭皺着，處處顯出超過這個年齡的成熟，言談舉止也像個大人。我就問這個媽媽：「是不是你經常和孩子講爸爸媽媽賺錢很辛苦，賺錢很不容易的話啊？」

孩子的媽媽連忙稱是，因為她是想讓孩子珍惜生活，好好學習。她繼而很驚奇的問：「老師，你怎麼知道的？」我說：「你看，孩子的肩膀略微架着。」孩子的肩膀架着，說明他承擔了他這個年齡不該承擔的東西，但還要努力去承擔，於是，孩子的肢體就要配合內心的感受，表現出來了，媽媽點點頭。其實，凡事都有可能改變，只要我們找到正確的方法。

第４章・關愛篇

家長要分清哪些要承擔

在和孩子的互動中，「解鈴還須繫鈴人」，誰說的話，就由誰負責解釋。讓孩子在輕鬆、愉快、安心的狀態下，可以進入他這個年齡該去關心的地方；可以多運動、多遊戲，開闊眼界等，還要知道學習是為了讓自己長知識。

於是，這個媽媽回家和孩子談了話，大意是「爸爸媽媽以前說賺錢辛苦，是希望你能好好學習。」這個媽媽想強調「掙錢是我們大人的事，只是想讓你不亂花錢，而你不用擔心爸爸媽媽賺不到錢。你只要在學習中找到你喜歡的，我們都會支持你。」總之，那次談完，孩子開朗和輕鬆了很多。所以，家長要分清哪些是要自己承擔的，和孩子無關，要把家庭的界限劃分清楚。

心理小知識

「彈簧效應」（Spring Effect），指某一事物受到的壓力愈大，其自身的爆發潛力也就愈大；受到的環境壓力愈小，其自身的爆發潛力也愈小。「彈簧效應」在我們的日常學習和生活中很常見，尤其是當我們承受壓力時，我們愈是感到困難與壓抑，愈是需要像彈簧一般迎難而上。彈簧承受的壓力是有範圍的，壓力過大，超過了彈簧的承受範圍，反而因壓力而讓彈簧繃斷。家長培養孩子的抗壓力也需要根據孩子所在的年齡階段能承受甚麼樣的壓力、能承受多大的壓力而定。

06 大寶和二寶之間的吵架

大寶和二寶之間的吵架多出現在孩子半大不大的年齡。比如，哥哥上了初中，弟弟剛上小學；或者姐姐上小學，妹妹剛上幼兒園；再小的兩個孩子，他們也有爭搶，但吵架的狀況就會少，畢竟小一點的孩子還沒有很強的吵架能力。家庭中有一個孩子處於反叛期的成長階段，孩子之間的和平相處就不容易保持。

兩個孩子難免有「同胞競爭」

無論孩子怎樣吵架，背後的心理因素還是與媽媽相關的。每個孩子都希望自己是母親全部與唯一的愛的對象，包括父親都是自己的「情敵」，這在心理學中稱為「戀母情結」，它是每個小生命對母親的保護與愛的渴望。當兩個孩子在和媽媽相處的過程中，不可避免地為了「爭奪」媽媽對自己的關注，而產生競爭心理和行為，這便稱為「同胞競爭」。

在心理學研究中發現，一母同胞的存在，會帶來一些混亂而痛苦的感受。弟弟甚至其他孩子的到來，意味原有的孩子與父母關係的改變、與更多家族成員關係的改變，以及自我在家庭，甚至家族系統中位置的改變等。

家長要表達對孩子的認可

許多家長說，我已經盡量做到公平。父母有自己的角度，覺得自己對孩子是公平的，但孩子的感覺就不一樣。所以，當孩子們相互爭執的時候，無論哪個孩子找家長告狀或求助，家長都可以採取「信任」的態度，信任孩子自己可以解決，他們找父母是想「爭寵」，是想做父母心中的「好孩子」。所以，家長需要不斷表達對兩個孩子的同樣認可。

家長可以說：「我不喜歡你們這樣不互相謙讓，我相信你們都有自己的理由，但我更相信你們可以自己友好地解決問題。」請注意用詞，是「互相謙讓」，是「友好」，不是「爭搶」，也不是「打架」等負向用詞。家長說完這樣的話，就去做你自己的家務，孩子很快就會很友好了。

孩子喜歡比較，
嫌棄家裏窮

孩子之間經常有「我家有這個好東西，你家沒有」之類的話，有些孩子聽了後，覺得自卑；有些孩子嫌棄父母無能；有些孩子則哭鬧也要那件東西。在這種情況下該如何疏導孩子呢？

讓孩子了解家庭的狀況

孩子可以不參與家庭的經濟活動，但讓孩子了解家庭的狀況是必要的。每個家庭都有自己擁有的東西，也有自己沒有的東西。過去的大家庭，會讓孩子了解家族史和家中值得驕傲的地方，孩子會以自己的家和父母為榮，這種榮譽感可以支撐一個孩子的自尊。

尤其是 20～30 年前的孩子，家裏沒甚麼錢，但也有家庭比較富裕，家長普遍教導我們不去比較。我們讓孩子找出自己家擁有甚麼的時候，孩子會從自己的眼睛或從家長的介紹中獲知家中值得驕傲的地方，也會由此獲得自信。

將自信傳遞給孩子

成年人會比較，或多或少會影響孩子；孩子和同學或其他小朋友交往會比較，也是正常的。孩子去比較，會有自卑。如果這個年齡的孩子都比來比去，而獨有這個孩子沒有反應，表情呆滯，要不就是孩子過於壓抑自己，可能還會有自閉的傾向；要不就是孩子發育落後於同齡孩子。

如果孩子說家裏甚麼都沒有，都是父母沒本事等言語；這時，家長就要表達自己的立場「你這麼說爸爸媽媽是不行的（不要說「不可以」，因為從語言的刺激來講，孩子不會重視前面那個「不」字，而聽進去的字會是「可以」，而「不行」就是斬釘截鐵的、連在一起的兩個字「不行」。）然後再去問孩子到底因為甚麼這麼激動，可以說：「你可以好好說你想要甚麼？」之後，不論孩子有多大，都可以好好和孩子解說我們擁有的東西。

家長必先要自己回應給你生命的父母和長到今天幾十歲的自己一個認可和自豪，只有父母有自信，才能將這份自信傳給孩子；孩子即使去比較，也不會哭鬧着覺得自己沒有甚麼，更不會回家抱怨父母，或許孩子會對長輩優秀面產生認同。

孩子喜歡比較，嫌棄家裏窮。可以回應：

💬 「我們家是不富裕，但是爸爸媽媽很努力奮鬥，你放心，爸爸媽媽會盡力讓你和同學平等的。」（拍拍孩子的小肩膀）

💬 「你能告訴爸爸媽媽是哪些地方讓你覺得不是那麼滿意嗎？」（摸摸孩子的頭）

💬 「雖然我們家不富裕，爸爸媽媽沒能力給你更多的玩具，但我們可以給你更多的愛呀！」（説完親一下孩子）

心理小知識

自我價值理論是美國心理學家馬丁‧溫頓提出的，該理論認為，人天生具有一種維護自尊和自我價值的需要，當覺得自尊和自我價值受到威脅時，人就會用盡方法來維護以保持自我的價值。父母給予孩子的不僅是安全感和良好的依戀關係，家長的自我價值也會傳遞給孩子，一個內裏充滿自信的家庭，孩子也會自信，他會以家庭為驕傲，會覺得自己的家庭，甚至家族都是讓他覺得自豪的。

第 4 章 · 關愛篇

133

經常加班出差，怎麼跟孩子增加親密度？

有些家長工作經常加班，很晚才回家，與孩子時間不同步，沒法陪孩子，孩子可能會問：「能不能早點回家，不要出差，是不是不要我了？」這個時候家長怎麼跟孩子溝通以增加親密度呢？

創造屬於自己家人的文化

　　家長經常加班出差不是問題，問題是如何讓孩子理解，及感受到愛與想念。許多家長長年在外，孩子和老人家在一起。一個年輕的爸爸就怕女兒覺得家長忽略她，天天和孩子視頻，告訴女兒，只要她好好讀書，讓爸爸放心工作，她想要甚麼爸爸都給她。結果，女兒要的東西越來越貴，父親開始困惑自己的做法了。

　　家長與孩子關係疏遠，和家長是否經常陪伴孩子沒有直接相關，更大的影響因素是家長如何與孩子溝通、如何向孩子表達、如何和孩子互動。家長和孩子本來就該是親密的，只是家長自己的成長經歷，在原生家庭和上一代的關係，影響了對待孩子的關係。本來孩子和父母就是最親近的，這個動物的本能，怎麼我們進化到人類，反而不會和自己的孩子親了呢？

案例分析

創造表達愛意的「儀式」

　　一個男孩從小在爺爺嫲嫲家長大，父母一直在外地工作，孩子到了小學高年級，成績出問題，老師向家長反映，於是母親回到孩子身邊，在附近找工作，並和孩子搬出爺爺嫲嫲家。孩子對母親的態度格外疏遠，經常用言語衝撞，並告訴媽媽他不想上學，上課又不聽課，回家不做功課，甚至逃學。

　　母親求助父親，父親只好每兩星期回來一趟，剛開始還開幾個小時的車往回走，後來孩子的表現不但沒有好轉，反而更差，這個父親也疲勞不堪，只好改坐火車回家，還在火車上休息。家長覺得好辛苦好委屈，對孩子說：「我們都這樣為你着想，你怎麼就不體貼父母呢？」當我問孩子的時候，孩子說：「爸爸每次回來根本不理我，就懶在梳化上看手機。媽媽每天回來就是催我做功課。」

　　我便給他們一家三人做「家庭雕塑」的時候，孩子把爸爸媽媽「擺」在遠遠的地方，低頭看地。媽媽看到說孩子不自信，爸爸說孩子自卑。我問孩子你是怎麼想的，孩子說：「我根本不想看到他們。他們根本就不想要我，把我扔在爺爺嫲嫲家，我恨他們……」父母沒想到孩子會如此想。之後，在我的引導下，家長開始對孩子表達了他們的無奈與愧疚，孩子也哭了，他也沒想到父母居然是愛他的。

第 4 章 · 關愛篇

 當我看到他們抱在一起，孩子和媽媽都哭出聲來，爸爸的眼淚也流出來。我知道，這個家庭開始有了親密的互動，開始往好的方向發展了。

有能量的說話

經常加班出差，怎麼跟孩子增加親密度？可以回應：

💬 出差回家：「我回來了，寶寶，爸爸（媽媽）好想你啊！來給我一個擁抱！」

💬 出差之前：「爸爸（媽媽）要出差到某地，你知道哪個地方嗎？」

💬 「爸爸（媽媽）又要出差了，每次在外都更想你。你要是也想我了，晚上我們可以視像通話，我給你講講我這邊有趣的事，你也可以分享你的事，好嗎？」

心理小知識

在心理學關於家庭關係的理論中，更強調家人情感的連接，家長不在孩子身邊，更需要情感的表達和回家之後相處的親密。反之，有些家長天天和孩子在一起，卻忽略孩子對父母情感的需要，同樣會給孩子帶來心理上愛與關注的缺失感。適時表達對孩子的愛，而不是關心孩子的學習怎樣和是否聽話，對孩子來説是更重要的心理需要。

「我不要你了」這句話為甚麼不能說？

媽媽是一個人生命中安全感最重要的來源，安全感是一個人成長過程中最重要的基石，於是人類的母親也多了一項功能——對她所孕育生命的讚許與認可。可是，許多母親在自己還未成為母親，還需要被自己的母親接納、給予安全感的時候收穫不足，於是她不能夠「達則兼濟天下」，無法給她的孩子所需要的心理滿足。

孩子不會覺得是開玩笑

「我不要你了」這句話，在孩子的理解，就是「我很嫌棄你！」、「我不接受你！」、「我要把你扔掉！」孩子不覺得這是媽媽的開玩笑，孩子覺得作為一個獨立的個體，我給你的生活帶來了那麼多的麻煩，我吃你的、喝你的、穿你的、住你的，要是沒有我，你們可以更自由、更富有等。

我曾做過的個案裏，有孩子在 9 歲時，因父母工作的原因，被送到爺爺嫲嫲家，孩子以為媽媽不要他了，從此就憎恨媽媽。直到他 39 歲來做諮詢，因為他無法和女性建立長久關係而兩度離婚。這些孩子的家長並沒有用語言說：「我不要你了」，而且他們的父母自認把孩子放在老人家身邊是最可靠的安排；但在孩子心裏，卻認為自己被媽媽拋棄。每當孩子在諮

詢室的環境下，對媽媽説出自己的擔心 —— 以為媽媽不要自己了，幾乎所有的媽媽都很吃驚，甚至流淚。

需要母親給予安全感

我有一次諮詢來了兩個訪客，母女一起來做諮詢，13 歲的孩子不想讀書，每天都想盡早搬出家門獨立，原來媽媽常常告誡孩子好好讀書，將來就可以自立。當媽媽解釋不是要讓孩子現在獨立，孩子説：「媽媽你嚇死我了，我以為你不要我了」。

作為家長曾經對孩子説過「我不要你了」這樣的話，那在適當的時候，家長需要多表達：「媽媽永遠都愛你，家永遠是你的家，無論你走到哪裏，無論你長多大，這裏永遠都是你的家」，孩子的安全感是需要母親不斷給予強化的。這裏要提醒家長，尤其是媽媽們，當你成為了母親，就意味你要對一個小生命的身心都要小心呵護，意味你不能再任性地讓自己的情緒不受控制，而你的言語不能再不假思索地衝口而出。

有能量的説話

「我不要你了」這句話為甚麼不能説？可以回應：

💬「給我全世界都不換我的兒子 / 女兒 / 寶寶。」

💬「你是媽媽最愛的兒子 / 女兒 / 寶寶。」

💬「無論你長大走到哪裏，媽媽都會在你需要的時候陪在你身邊。」

美國心理學家亞伯拉罕 · 馬斯洛曾經提出：「人類需求像階梯一樣從低到高，按層次分為五種，分別是生理需求、安全需求、社交需求、尊重需求和自我實現需求。」這就是著名的「馬斯洛需求層次理論」。可見，在人類的基本需求中，安全需求僅次於生理上的需求為最基本的需求之一。

10 孩子不想上學，將來怎麼獨立？

「我的孩子說她不想上學，我擔心她將來沒法獨立！」說這話的是一個 13 歲女孩的母親。「我的孩子不想上學，天天打機，將來他怎麼獨立啊？」說這話的是一個小學五年級男孩的媽媽。家長的心情可以理解，但家長很少意識到這是自己內在的恐懼，而不是孩子的問題。

家長內在的恐懼

從心理發展的角度看，孩子在這個年齡段本來就不能考慮到獨立這件事。家長所謂的「獨立」就是孩子長大後可以自己養活自己，甚至有些家長急於想甩掉孩子這個「包袱」。孩子需要一個成長的過程，而家長則需要學會承擔自己的角色。

為了不讓孩子輸在起跑線上，家長承擔的焦慮是前所未有的，帶着種種焦慮，家長想盡一切辦法把自己的經驗提早告訴孩子，但孩子的生命之路剛剛起步不久，生理和心理都還在發育和成長的階段。

小學時，孩子的思維發展還處於自我認識的階段，他還在探索包括對自己存在的認識，以及對個人身體、能力、性格、興趣等的認識；即使到了初中的青春期，心理發展也是處於一個沒有定性的階段，還處在心理上的成人感與半成熟現狀之間

的矛盾；心理斷層與精神依託之間的矛盾；成就感與挫折感交替的矛盾等。這個時期的孩子，你告訴他要好好學習，將來才能獨立，不好好學習，將來就不能獨立。

給予孩子足夠的安全感

　　孩子不願意上學，是因為父母給予許多的責任，孩子的責任感只能體現在和自身有關聯的地方，而學習的目的都是大人強加的；孩子擔不起，就會被這個壓力壓得沒有力氣，一天到晚沒精打采，對甚麼都提不起興趣。

　　家長在孩子的成長時期，要給予孩子安全感，讓孩子知道無論他想學甚麼，只要是正當的要求，是家庭各方面能力可以滿足的，父母都可以支持。家長需要向孩子講明為甚麼支持他的某些需求，為甚麼有些需求不能滿足他。首先，家長要相信孩子是明事理。其次，要相信孩子是可以為他自己想追求的東西去克服困難而努力的；孩子在父母的支持下會覺得自己是好的，是值得父母愛護和支持的。家長需要警惕的是，不要讓自己的壓力傳遞給，甚至移交給還沒有能力承擔這些的孩子。

孩子不想上學，將來怎麼獨立。可以回應：

💬「你現在還是小孩子，等你把學的知識學到了，能夠掌握的本領掌握了，那你長大了想做甚麼工作，都有可能了。」

💬「沒關係，上學的事情需要適應，我們有許多年可以慢慢適應呢，爸爸媽媽陪你長大。」

💬「每個人在不同的年齡有學習不同本事的能力，你現在的年齡要學習課本知識和一些生活的能力。家裏大人的事就由爸爸媽媽去處理。」

💬「如果你想了解大人的世界，我們可以找時間帶你去看看爸爸媽媽的辦公室。等你長大了，把要學的東西都學會了，你也就有自己的世界了。」

心理小知識

心理壓力是一種「應激」狀態，在這種狀態下，人感到必須調整自己以適應環境，它不是神經緊張那麼簡單，我們發覺自己不能完成某一事情時，便感到被某一生活要求把持着，因而感到壓力。事實上，壓力保證了人類「如何活下去」這個最基本生存的目標。沒有壓力，人類不能進化到今天，但是過大的壓力，亦會使我們陷入困境；如果能以理性、彈性的態度去面對，所引起的負面情緒會減少。

⑪ 孩子不肯分床睡

孩子和父母「分床睡」或者和父母「分房睡」，是許多家長關心的問題。家長擔心，孩子不獨立睡覺，總是和爸爸媽媽在一張床上睡，就會長不大，一直黏着父母，未來就會影響人格的獨立。有些男孩子老大不小了，還和媽媽睡，也擔心孩子的性早熟等。

「同胞競爭」常有出現

從從生理衛生的角度看，孩子和父母分床、分房睡是必要的。孩子單獨睡，對孩子的生長發育有好處；一個人的房間，孩子可以養成良好的起居習慣。孩子單獨睡，對孩子形成獨立的人格有好處，省得孩子和父母黏在一起。但是，問題來了，家長說，他們每次把孩子放到自己床上或孩子自己的房間，孩子睡着睡着，醒了，就還會跑到大人的床上來。怎麼辦？

孩子不肯分床睡，主要是看孩子在早期的安全感和依戀關係上是否得到滿足。孩子的安全感來自早期，比如是否有媽媽突然離開，讓孩子等待很久；或者是否孩子久哭而沒有得到媽媽的安撫等。

如何處理孩子的分離焦慮

　　分床或者分房，就是「分開」與「分離」。不願分開、不願分離，可是又要分開和分離，就會產生「分離焦慮」。造成孩子分離焦慮的行為，每個家庭都無法避免，大人不可能隨時隨地陪伴在孩子身邊。心理學家提議，孩子在 3 歲前由媽媽親自照顧，也依然會出現媽媽短暫離開的時候，也會令孩子產生分離焦慮。對此，家長更關心的是「怎麼辦」，既然孩子目前已經形成了不願分床或分房睡的局面，怎樣才可以讓孩子願意獨立睡眠呢？

　　對待分開睡問題也是一樣，當家長讓孩子對自己睡這件事產生了期待，那麼孩子就期待這一天的來臨。而當這一天來臨的時候，孩子會欣然接受。這就是心理學講的「期望效應」，指人們基於對某種情境的知覺而形成的期望或預言，會使該情境產生適應這一期望或預言的效應。

為孩子的「自我分化」提供養料

　　家長要防止自己有「終於成功讓孩子自己睡了」而興奮的表現，讓孩子覺得是「上了父母的當」，反而會產生更大的抵觸情緒。我們讓孩子自己睡是為了他成長和獨立的需要，並給予孩子與父母「分化」的基本環境，而不是父母想甩掉孩子獲得自在。

　　自我分化水平高，個體可以依靠理性的判斷，彈性運用自己的情緒和理智功能，在體驗情緒的同時能夠避免情緒駕馭他們的理性。有些孩子將父母的悲觀、沮喪、爭吵、離異，甚至死亡等問題都歸咎於自己。這樣的孩子不能將父母與自己進行分離，會在心裏背負着父母的關係模式；有些孩子長大後能夠

將父母的情緒波動、離異不和等問題與自己分離來看，不因此而自責，這便是與家庭分化得比較好的。

有能量的説話

小孩不肯分床睡。可以回應：

> 「等你長大了，就可以睡在自己的床上了，想一想你的床是甚麼樣的啊？床上都想有甚麼（玩具）啊？」（你的床單、枕頭、被子是甚麼顏色的啊？）

> 「如果你有自己的房間，你希望是甚麼樣子的啊？你可以畫給媽媽看。」

> 「媽媽可以答應你，晚上在你的小床上陪你睡着再走，怎麼陪都行，比如講故事、玩手指遊戲。」

> 「你知道怎麼睡覺特別美好嗎？就是自己躺在屬於自己的特別漂亮的床上，然後，閉上眼睛想着最開心的事，想着想着就睡着了。」

心理小知識

分離焦慮是指嬰幼兒時期，因與親人的情感聯繫後，又要與之分離，尤其是與媽媽分離而引起的傷心、痛苦、焦慮、不安或不愉快，以及表示拒絕分離的情緒反應，又稱「離別焦慮」，是嬰幼兒焦慮症的一種類型，多發生於學齡前期。幼兒從家庭進入幼兒園，環境有了巨大的改變，這個時期也被稱為「心理斷乳期」。

12 孩子想父母一起玩，但父母工作太忙

孩子的成長，不僅包括身體的成長，大腦的發育，還包括能力的增強，如思考能力、想像能力、分析能力以及記憶力等，這些都在孩子幼兒期已開始形成。3歲之後，孩子需要心智的全面發展。心智是指心靈智慧，兒童的心靈智慧處於萌芽狀態，培養兒童心智對孩子的成長是很重要的。在心智發展中，發展兒童自控能力很重要。幼兒期的自我控制能力薄弱，但在整個幼兒期自我控制能力隨年齡增長而迅速增長。

孩子等待父母陪他玩兒

兒童自我控制活動分為4種類型：運動抑制、情緒抑制、認知活動抑制、延遲滿足。孩子等待爸爸媽媽陪他玩兒的過程，就是孩子延遲滿足的過程。3歲以後，家長可以給孩子一個承諾：「媽媽（爸爸）……時可以陪你玩兒，你等媽媽（爸爸）的時候如果可以很乖，媽媽（爸爸）就獎勵你朱古力（孩子喜歡的各種小獎勵）。」家長可以用一些方式，來獎勵孩子的等待。比如：一個大大的擁抱，給孩子講故事，也可以給一些小禮物、好吃的等。這樣可以訓練孩子的延遲滿足。

兌現承諾的重要

　　家長要注意的一點是兌現承諾，假如你一次沒有實現對孩子的承諾，那麼下一次孩子就不相信了。對於不能確定準確時間的情況，就不要給予孩子肯定的承諾，可以給孩子一個範圍，比如「媽媽（爸爸）盡量在這個週末陪你出去玩，但媽媽（爸爸）不能確定是星期六還是星期天，我看看這幾天的工作安排，你看可以嗎？」

　　我認識一個父親，非常忙，經常全國各地飛來飛去，而孩子特別期待和爸爸一起彈鋼琴，更希望爸爸能觀看他的比賽，但這個父親很少能夠參加。於是，爸爸就和孩子約定，「爸爸回來的時間不能確定，但我一定在買到飛機票的第一時間告訴你，並且，我只要聽到媽媽說你練琴很用功，爸爸就獎勵你漢堡包等。」所以，在爸爸不在的每一天，孩子都很努力地練琴，經常獲得各種比賽的獎項，而這個爸爸也從來都兌現承諾，因為爸爸選擇的獎品是 24 小時都可以買到的。

孩子做不到真正理解媽媽

　　家長最好不要用「你要理解」或者「你要支持媽媽」等話。當我們能把原因說明白，孩子自然就知道了。假如孩子對媽媽要求的理解「點頭」了，他也是不想讓媽媽失望，而他會把這當做一件很重要的事情，這就容易變成孩子的壓力。「支持」更是如此，孩子弱小的身軀，如何能「支持」大人呢？他的能力做不到，但他的心會去想着要「支持」媽媽，他的身體就會幫他去支持，久而久之，孩子的骨骼就會變得「架起來」，肩膀聳起甚至駝背。

　　假如需要讓孩子理解你不能自主的無奈，比如加班、出差等，那麼可以給孩子舉例「你和小明約好了明天下午一起玩兒，可是，你不知道爸爸媽媽要帶你去爺爺奶奶家，就不能和小明玩兒了，你需要怎麼和小明說呢？」，讓孩子在和自己有關的事件中，舉一反三學習理解他人。

有能量的説話

孩子希望父母陪着一起玩，但父母工作太忙。可以回應：

💬 「媽媽知道你現在很希望媽媽陪你玩一會，但是媽媽手頭有事沒完成，你先自己玩一會（或者媽媽讓其他人陪一會兒），媽媽保證一個小時（或多長時間，這時候可以指一下手錶）之後就來陪你。」

💬 「媽媽（爸爸）⋯⋯時可以陪你玩兒，你等媽媽（爸爸）的時候如果可以很乖，媽媽（爸爸）就獎勵你吃朱克力（孩子喜歡的各種小獎勵）。

💬 媽媽在忙的時候，你可以想像一下媽媽是怎麼忙的，然後可以寫下來給媽媽看。

**心理
小知識**

所謂的「延遲滿足」，是指一種甘願為更有價值的長遠結果而放棄即時滿足的抉擇，以及在等待期間展示的自我控制能力。它的發展是個體完成各種任務、協調人際關係、成功適應社會的必要條件。延遲滿足不是單純地讓孩子學會等待，也不是一味地壓制他們的慾望，説到底，它是一種克服當前困難情境而力求獲得利益的能力。

第4章 • 關愛篇

149

第 **5** 章

自理篇

孩子自我管理能力強，是在向父母口中優秀的自我作認同。

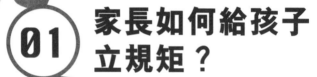

家長如何給孩子立規矩？

給孩子立規矩，就是所謂的對孩子的「教養」。教養是父母在養育孩子的過程中「教」的結果，而修養是孩子在成長的過程中將父母給予的教養內化到自己的行為中，再通過自身的自覺修養而成。其實，孩子的思維和行為，更重要的是父母的價值觀和身體力行的影響。

家長的言傳身教最重要

在孩子的成長路上，家長要學習如何培養孩子良好的行為。孩子從 3 歲開始（甚至更小），就可以根據年齡和生活環境立規矩；家長可以直接告訴孩子在甚麼時候應該怎麼做，比如，「在外面和媽媽説話要細聲點，媽媽能聽見的。」、「和別人説話要看着對方的眼睛，聲音要清楚」等。

我一個朋友的兒子不和大人打招呼，做媽媽的從小帶着孩子到處參加飯局，從來沒要求過孩子叫人，媽媽自己也是遇到人很隨意的，有時在飯局開始後，被人説：「我來半天你都沒理我啊」，她這才笑笑説：「啊！對不起啊，你看我忙着跟這個那個説話呢」。有些老人家帶着孩子，一邊推着嬰兒車，一

邊給孩子播放兒歌，聲音很大，這樣容易給孩子造成沒有界限的感覺，讓孩子覺得在公共場合發出很大的聲音是正常的。孩子會學習大人的行為，等到孩子再大些，被外人說起沒禮貌時，家長再提醒孩子，孩子已經不願意聽了。

讓孩子可以認同一個好的自己

給孩子立規矩不僅是父母的責任，孩子的爺爺嫲嫲、公公婆婆，甚至舅舅姨姨等都有責任。孩子在幼兒園會學到一些規矩，他上學後，如果質疑學校的規矩、老師的要求，會向家長提出疑問。家長可以問孩子：「是不是老師的要求讓你不舒服呢？」如果孩子說是，可以回應：「我理解你的感受，被束縛的感覺不舒服。但是，我們慢慢長大，就需要在相應的場合守規矩，這可以讓你成為更優秀的人。」

又如，孩子不講衛生，晚上遲遲不刷牙也不洗臉，這也許是和家長「博弈」而體會反抗的快感，或許是以此獲得家長的關注，又或是想在和家長的較量中得到更多和父母一起的時間。家長可以調整與孩子的相處模式，並說：「一個講衛生的孩子，一個乾淨的的孩子，是會讓人願意和他接近的。」還可以抱着孩子說：「你這麼乾淨，是一個很美好的孩子啊！」讓孩子感受他的行為可以得到父母的讚賞，從而認同一個好的自己。

有能量的說話

家長如何有效地給孩子立規矩？可以回應：

💬「在外面和媽媽說話要細聲點，可以在媽媽耳邊細聲說，媽媽能聽見的。」

💬「和別人說話要看着對方的眼睛，聲音要清楚。」

💬「不可以和別人要東西，想要的話，可以和媽媽好好說。」

💬「嗯，你這麼乾淨，是一個很美好的孩子啊！我喜歡！」

02 立好規矩之後，孩子不好好遵守

家長立規矩給孩子，孩子是會看着父母的行為而學習的。如果家長不身體力行，孩子是不會遵守規矩，所以家長在立了規矩之後，不聞不問，孩子也不會堅持；當孩子遵守規矩，若家長沒有及時表揚，還不時責罵他，孩子委屈又傷心，於是乾脆不遵守了。

每個親人都是孩子的榜樣

孩子的榜樣就在家中，而且不只一個，比如孩子的祖父母、父母的兄弟姐妹等，他們的行為都被孩子看在眼裏，而這些親人的行為，已經被孩子的父母熟視無睹，不會有任何的批評或質疑，孩子就會跟着學；因為在孩子內心，只認自己的父母，父母接納的，孩子就視為可以。比如，家長責罵孩子：「吃菜不許滿盤子亂扒」，可是偏偏舅舅來吃飯是這樣，孩子也跟着學，家長給孩子定的規矩就前功盡棄。

父母要了解孩子心思

孩子不遵守規矩，多數不是這個規矩讓孩子守不住，而是另有其他原因。孩子會用自己的方式「吸引」媽媽説話，如

果孩子不聽話，媽媽還會拍打孩子的後背和胳膊，打幾下又不痛，何樂而不為呢！當孩子「權衡利弊」，覺得還是不遵守規矩可以得到的好處更多——反正守了規矩，既難受又得不到表揚，媽媽似乎看不到；如果不遵守規矩，媽媽反而多看孩子幾眼，甚至還可以抱抱媽媽、感覺舒服。

孩子的心思其實就是想獲得爸媽的關注，既然用正向的行為不獲得父母的關注，就會用大人覺得不當的行為而獲得，「反叛期」的孩子也是基於類似的原因。

給予孩子時間去守規矩

跟孩子立好規矩之後，孩子不好好遵守，家長不要着急想着怎麼督促，而是留意孩子的需要是甚麼，可以問：「我發現，我們定好的規矩，最近似乎沒有在你身上見到，是不是對規矩有甚麼想法呢？」由此展開和孩子的對話，聽聽孩子的心聲，然後和孩子一起商量。家長不要急於求成，要給孩子時間，也給自己時間。而且，偶爾的不守規矩也是正常的，就像大人會原諒自己偶爾早上也懶床、不做飯是一樣的。孩子一定有自己的原因，期望父母的寬容。

案例分析

有技巧地和老人家解說

我們在企業上課，有一個媽媽說：「我的孩子每次吃飯都要看電視，怎麼說都沒用。」細問之下才知道，原來孩子的爸爸近半年派駐公司的海外辦事處，公公婆婆過來幫忙照顧孩子，而公公婆婆正是一邊吃飯一邊看電視。

可是，這個媽媽只敢說自己的孩子，不敢說自己的父母。所以，孩子根本不會聽話，因為她知道，媽媽也要聽她自己媽媽的話，如果這個媽媽試圖去制止自己的父母，不僅不奏效，還會惹得老人家不開心。

這時候，我們告誡年輕的父母，如果夾在孩子和老人家之間，可以悄悄把老人家請到另一邊，懇切地和父母講：「孩子身體還在發育階段，邊看電視邊吃飯對消化系統的發育不好。可是，我不能當着孩子的面來話長輩，所以請你們配合一下，避免孩子學一邊吃飯一邊看電視。你們看怎麼樣？」一般情況下老人家都會理解和支持的。

有能量的説話

立好規矩之後，孩子不好好遵守。可以回應：

💬 「我發現，我們定好的規矩，最近似乎沒有在你身上見到它，是不是對那個規矩有甚麼想法呢？」

💬 「我發現你今天（列明某事）做得很好，你是怎麼做到的？你可以繼續嗎？」

💬 「昨天你和媽媽的約定你今天打算甚麼時候去做呢？這麼棒！你已經打算去做了，來勾勾手指！媽媽相信你！」

💬 「我相信你是有自己的打算去堅持做下去的，如果你想和媽媽分享做好的感受，媽媽很願意去聽。」

心理 小知識

在親子關係中，孩子為了得到父母的關注，會做出各種不尋常的行為，如果父母不及時給予正向的反應，孩子會一直尋找並使用那個讓父母看到自己、在自己身上停留的行為，無論父母對孩子的態度是好是壞！直至父母的反應強烈，孩子才感覺到自己被重視。

03 當孩子說：「我想再玩一會」

「不，我要再玩一會！」當孩子提出這要求時，家長應該怎麼辦？首先，會問這問題的家長是常常陷在孩子的要求中而無能為力的。但在「想再玩一會」的前提下，一定是家長說：「別玩了，該回家了。」而不是孩子自己說：「媽媽我玩夠了。」所以，這種情況看似是孩子沒玩夠，實質是孩子沒有決定是否玩夠的權利。

讓孩子自由自在地玩

不受父母的干擾，自由自在地玩，是孩子對自我支配慾的需要。很多孩子，父母愈是限制他玩，他愈是要玩；而你愈讓他玩，他反而覺得沒意思，也有的孩子只是想通過「沒玩夠，我再玩一會」來宣示對自己的主權。當孩子說：「我想再玩一會」的時候，家長可以聽聽他想如何再玩，在可以接受的範圍內讓孩子做決定。「你覺得再玩幾分鐘可以呢？」或「那再讓你玩 10 分鐘，我們就開開心心回家好不好？」

把支配權交給孩子

家長可以怎麼做呢？有兩種方式可以選擇：(1) 答應孩子隨便玩，但前提是要求孩子把應該做的功課先做好。約定之後，家長和孩子都不能反悔；(2) 和孩子約定每天放學後固定放鬆多長時間，然後做功課，直到保證完成所有功課。剩餘的時間，留給孩子自由支配。

選定之後，要定期評估——比如一星期一次，和孩子談談心得，「這樣的安排你覺得好嗎？」、「這一星期你是否開心？」家長還要對孩子談談自己的感受：「這一星期我覺得很輕鬆，因為你自己可以管理好自己，我覺得可以有時間做我想做的事，我們家真好！」當孩子有了對自己的評估的時候，家長可以和孩子一起商量改進。總之，把支配權交給孩子後，加以強化孩子表現好的地方，忽略孩子做得不如意的地方，你看不見，就給孩子得以「喘息」的機會。

發展心理學認為，孩子在幼兒期，主要的任務是遊戲，遊戲對兒童心理發展的意義是深遠的。但是，現代社會的兒童在成長的過程中，遊戲已經被功利化，甚至被學習知識取代、被競爭取代，孩子還沒有在遊戲中汲取營養，便被提早結束遊戲的樂趣。所以，「沒玩夠」的孩子，沒在遊戲中「吃飽」的孩子，就帶着對遊戲的「饑餓感」進入真正學習知識的階段，反而難以全情投入學習。

有能量的說話

當孩子説：「我想再玩一會」。可以回應：

「那你覺得再玩幾分鐘可以呢？説話要算數，這樣下次媽媽就可以放心讓你決定啦！」

「這樣的安排你覺得好嗎？」

心理小知識

遊戲是兒童快樂的源泉，是促進兒童認知發展和社交的重要途徑；遊戲是兒童參與社會生活的特殊形式，兒童通過遊戲實現自我價值，體現創造性能力；遊戲有利兒童的身體，可以增強體質；遊戲對於兒童身心健康發展有着極其重要的作用。

有科學家研究證實，智商高的人都是晚睡晚起的，但家長最擔心的是孩子晚上不睡，第二天還要早早起床上學，睡眠不夠，對身體不好；睡眠不足、上課睡覺、聽講不好、拖累學習。總之，晚睡害處多，父母每天嘮叨，孩子每天故我，似乎成了一個「循環」。

不睡是想尋求父母的關注

有家長說他的孩子，每晚睡覺都要催，都要催促他刷牙、洗澡。我問：「孩子一直都是這樣嗎？有沒有不用催，自己乖乖上床睡覺呢？」家長想了想說：「剛上學那半個月。」細問之下，知道家長是不管，孩子才自覺。

假如你是孩子，你很乖、很自覺，你希望父母幫忙，他們卻說：「你不是自己能幹嗎？」又假如，作為孩子，你晚上不去睡覺，父母的態度是甚麼呢？他們可能跑來打你的小手，你是否很開心這些互動呢？作為孩子，說睡不着，要媽媽摟着，是否更開心？於是，你每天要是不這樣把父母調動過來，是不是就覺得被忽略呢？如果我是小朋友，晚上不睡，早上不起，就可以獲得父母的關注。真好！至少他們都圍着我轉，表示他們很重視我。所以家長們，你們上當啦！孩子的種種表現，其實都是在尋求你的關注。

給孩子一點多巴胺

前幾年風靡世界的美國華人「虎媽」，相信大家都知道「虎媽」讓女兒學習和彈琴，近乎嚴苛。但你可能不知道「虎媽」每晚都會和孩子在床上滾在一起大聲笑鬧，然後讓孩子心滿意足地睡覺。大笑是可以讓大腦分泌多巴胺的，多巴胺可以促進睡眠。這麼好的「助眠藥」，家長們可以去試試。具體怎麼做呢？

每晚入睡前，依舊是讓孩子梳洗，但不是催促，而是製造快樂的梳洗程序，比如父母和孩子互相幫助洗臉和刷牙，增加肢體的接觸，緩解一下我們一天工作和學習後肢體的疲勞，而撫摸、親吻和愉快的肢體接觸同樣也是促進大腦分泌多巴胺。

選擇在「吼」以外的方式

家長可能擔心孩子會依賴上述的場景，如果有依賴，就是孩子覺得父母的愛撫沒有讓他「吃夠」，當孩子「吃飽」了，就不會糾纏父母。孩子到了一定的年齡，他的自我意識成長了，他會很自然地追求獨立的空間，不需要父母像小時候一樣的呵護與陪伴，因為他的安全感足夠，他知道父母無論怎樣都是可以給他愛，以及物質與心靈的補給。

早上起床也是同樣的道理，把孩子「吼」起來是一種方式；去到孩子身邊，一個吻、一個擁抱、一聲輕喚也是一種方式。換成家長自己，你喜歡哪一種呢？家長知道了怎麼把孩子從床上「叫」起來了吧。當孩子被父母愛夠了，他長大了也許會有青春期的害羞與獨立，你早上不用叫，他自己都會爬起床的。

中國人有「隔輩疼」之說，意思是指老人家疼愛孫輩勝於疼愛
自己的子女。「隔輩疼」的原因各有不同；在現代社會，老人
家的「隔輩疼」，其「補償心理」勝於血脈傳承的心理。

老人的補償心理體現在隔代上

「補償心理」是指人們因為主觀或客觀原因引起不安而失
去心理平衡時，企圖採取新的表現，藉以減輕不安，從而達到
心理平衡的一種內在要求。

老人家的補償心理，一般有以下兩個方向的表現：

(1) 對自己。年輕時因工作或其他原因，錯失了陪伴子女
成長的時光，現在通過照顧子女的孩子，重新體驗撫養孩子的
感受，這也被稱為享受「天倫之樂」。雖然這種「樂」中夾雜
着勞累，但老人家更看重從中得到的滿足。而且，老人家愈覺
得自己年輕時吃的苦多、失去的多，對孫輩就愈疼愛有加。

(2) 對子女。自己當年不能給子女的，比如陪伴、物質、
好的生活環境和好的教育等。現在希望通過幫助子女照顧孩
子，能夠將自己年輕時對子女的愧疚和遺憾更多地補償到孫兒
身上。

生活條件的改善和經濟狀態的好轉，讓老人家有更多的條

件去彌補曾經的遺憾。而且，孫輩愈少，他們也愈加珍惜；愈珍惜，他們就愈「溺愛」孫輩。雙方老人家——爺爺嫲嫲和外公外婆還在追着付出，造就了「四老養孩子」的競爭心態。

溺愛來自父母內心的感受

何謂「溺愛」呢？有人說，過分滿足孩子的要求，就是「溺愛」。甚麼是「過分滿足」呢？這些問題沒有一定標準。同樣是在講老人家「溺愛」，當你把各個家庭的故事集合起來，當家長相互交流時都會發現，在這家出現的所謂「溺愛」的情形，在另外一個家庭中只是平常事。所以，這個「溺愛」的評價並沒有統一的標準，更多在於父母內心的感受。

當一個成年人和自己父母關係沒有釐清的時候，他們在處理隔代撫養的問題上，大多處於被動狀態。他們會內疚自己未能滿足父母想要「天倫之樂」的願望，於是，看到自己的父母在對待孫輩過分疼愛的時候，即使生出許多的不滿，卻又不敢去反抗，這也可以說是對於撫養和教育孩子的權力之爭。

孩子難適應「多頭管理」

有一個電視節目，主持人問 3 歲多的小朋友，「你爺爺嫲嫲有幾多個孩子呀？」，小朋友說「爺爺嫲嫲有兩個孩子，我和我媽」，全場哄堂大笑，但這個小朋友卻是一語道破了隔代撫養的真實現狀，也為家長們看待老人「溺愛」孩子，打開了一扇看這個問題的窗口——家庭關係。

在臨床諮詢中發現，三代以上的家庭，許多因為老人家的「溺愛」而出問題的孩子很少，反而是由於家庭中彼此關係

的錯位而導致孩子的問題較多，這說明正常的家庭關係是分層的，第一層是年輕的父母，即夫妻關係；第二層是年輕的父母和他們孩子的關係，稱親子關係，在這層關係中，由於關係有三條線（夫妻、母子女、父子女），所以在這一層上形成了三角形的關係；第三層是祖父母輩與這個三角形的小家庭形成的關係，這種關係是在這個核心家庭之外的一層關係。

正視造成家庭關係的矛盾

在老人家照顧孩子這件事上，「溺愛」本身不是問題，因為對「溺愛」的理解不同，而造成的家庭關係的矛盾，才是孩子行為問題的誘因，這是需要家長去正視的。在家庭關係中，兩代共同撫養孩子，容易給孩子造成「多頭管理」的弊端，好比一個部門有幾個經理而員工只有一個，而且經理們的意見不一。同樣，在家庭中，一個孩子，要受到 2～6 個，甚至更多人的指指點點，孩子就無所適從。

解決這個問題的最簡單方法，就是讓孩子的父母能夠「立起來」，尤其是媽媽。一個做主的媽媽可以讓孩子自信，一個沒有話語權的媽媽會讓孩子覺得自己沒有出路。當媽媽的可以不認同長輩的觀點，但可以尊重他們的付出，可以對老人家每天回家說一聲「謝謝爸媽！你們今天辛苦了！我下班了，孩子交給我。」轉而對孩子說：「媽媽回來了，今天聽爺爺嫲嫲話了嗎？寶寶真懂事，知道尊重老人家呢！」

有能量的説話

父母如何勸阻長輩過度溺愛孩子？可以回應：

對長輩：

💬「爸媽，我知道你們疼愛孫兒，但我們更希望你們能對孩兒要求嚴格一些。不是有『嬌兒不孝』的話嗎？我們希望孩子懂得孝敬你倆老。」

💬「謝謝爸媽！你們今天辛苦了！我下班了，孩子交給我，你們休息放鬆一下吧。」

💬「爸媽你們照顧孩子很辛苦，正好孩子睡了，你們看看我們是否用一點時間討論一下怎麼統一對孩子的教育，可以嗎？」

💬「爸媽，我們知道你們疼愛孫兒，但我們完全支持你們對孩子嚴格和嚴厲一些，這樣他們將來才懂得守規矩。你們不是把我們教育得很好嗎？」

對孩子：

💬「我看到爺爺嫲嫲對你做甚麼都批准，能告訴爸爸媽媽你的感受是甚麼嗎？」

💬「你看，爸爸媽媽是不是很棒？那是因為我們小時候，爺爺嫲嫲對我們要求很嚴格，你們也很聽話，爸爸媽媽才會這麼棒的！」

第 5 章 • 自理篇

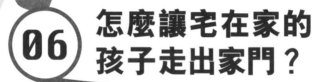

怎麼讓宅在家的孩子走出家門？

現在許多孩子都喜歡宅在家。一個週末，我邀請年輕的朋友們來家聚會。午餐後，我提議大家往樓下的公園走走。家長等着孩子表態，孩子盯着手機屏幕搖頭，一個姐姐説不想下去，孩子們就都窩在梳化上懶着。

孩子的行為是模仿大人

孩子的行為首次是模仿大人，其次是家長促成一些因孩子學習狀態問題前來諮詢的家長，也在「訴苦」孩子不願出門，窩在家中打機。隨着現代網絡的發展，很大程度吸引了孩子的注意力，孩子的休息時間有限，不願往外活動、只有玩手機的時間，而許多家長也會給孩子限制活動，我曾問過一個幾乎不去上學也不交功課的初中男孩，他說他沒有喜歡的事，他對甚麼都不感興趣，覺得甚麼都沒意思。

我轉而問他：「假如有一天你從夢中醒來，你忽然有了一個喜歡的運動，你想想那會是甚麼？」他說：「打籃球」。我再問：「那你怎麼樣才可以去打籃球，讓自己開心呢？」他這才告訴我，原來是他父母覺得他打籃球耽誤學習，把他的籃球給弄壞掉了。

家長的陪伴是關鍵

假若家中的大人想帶孩子出門走走，不管孩子是否願意，就是想辦法把他帶到室外，孩子會很開心地玩，就連小狗都喜歡在室外花草間。可見，親近大自然是動物的天性，也是人類的本性。

孩子不喜歡出門的原因各不相同，家長可以從孩子不喜歡的事物中，找到原因，並加以改善。在語言上，家長可以引導孩子：「運動可以讓我們長得更高，如果你要是挑一樣運動，你會選甚麼？」孩子有可能一時選不出來，家長可以告訴孩子自己喜歡的運動。孩子在身心成長和快速發育的時期，家長不只是要敦促孩子不要總窩在家，更是要身體力行地陪伴，幫助孩子協調時間，讓孩子輕鬆走出家門，找回孩子的天性。

有能量的説話

孩子喜歡宅家，怎麼讓孩子走出家門？可以回應：

> 孩子不喜歡出門，家長可以讓孩子幫忙做一些外出的事，如「幫媽媽下樓買東西」、「你去把垃圾扔一下」或「你陪我出去一趟」。想辦法讓孩子動起來，孩子回來後可以問：「你這一路有甚麼有趣的事情嗎？」或者「你出去有沒有看到那個水池裏放水了嗎？」以此激發孩子對外在世界的興趣。

> 「運動可以讓我們長得更高、更漂亮、更健康，如果你要是挑一樣運動，你會選甚麼？」

> 「你知道嗎，爸爸像你這麼大的時候，一開始就是打球不好，投籃不進，後來我的爸爸就陪我練，現在我還不錯，要是你陪我去練，很快你就能打過我了。」

心理小知識

有腦科專家研究發現，運動可以提升學習力。通過跑步、打球等運動，心跳加快，並快速把帶氧的血液運送到大腦中；通過運動，可以促進大腦神經傳導物質的分泌，比如血清素、腎上腺素、多巴胺等，而這些物質可以改善情緒，令心情開朗。運動更可以提高孩子的注意力，讓大腦思維更靈活等。

07 孩子甚麼都問父母意見，依賴心強

孩子甚麼事都問父母怎麼辦，父母會覺得孩子沒主見，卻很少會關注到孩子的心理需求；或許孩子不是想獲得父母的幫助，而是孩子想達成自己的願望。家長會問，孩子年紀這麼小，真的會有這樣的心機嗎？不，孩子不是有心機，而是當他的心理需求無法用語言來表達時，就會用「示弱」的方式表達。

給「成長力」以釋放的空間

孩子依賴心強，需要家長改變自己的「親子觀」，當孩子丟三落四的時候，通常是父母代勞過多不放手的結果。孩子的行為幾乎是被家長「培養」的，家長從孩子出生，到逐漸長大；你替孩子做得愈多、作主得愈多，孩子能做的愈少、自主能力就愈少，且依賴心就愈強。

有一種情況是，家長的期望很高，超出孩子年齡可以承擔的範圍，比如家長告訴孩子現在不好好學習，將來就不能成材。當壓力大過能力的時候，這個人是可以被「壓倒」的；另一種情況是家長的批評過多，孩子不僅有抵觸心理，更不知怎樣做才能讓父母滿意。孩子擔心自己怎麼做都會遭到父母的指責，這容易出現在高學歷、高能力、高職位的父母身上，因為父母太過能幹，並且處處在孩子面前顯示出「你逃不過我的法眼」，孩子就不敢有獨立的思考方式。

異常行為是尋求父母的關注

　　在諮詢個案中，由於爸爸在外地工作，只有媽媽和女孩在家，如果女孩放學不及時回家，媽媽就着急。在諮詢中，我問女孩最想做的事是甚麼，她望望母親，然後問：「我可以回答嗎？」她媽媽好奇地看着她：「你這孩子怎麼甚麼都問我啊？」孩子頓覺委屈説：「我不問你行嗎？你總是要我照你説的做，我敢説不嗎？我……」説着，眼淚就流下來。

　　孩子有自己的願望，但又怕父母不高興，內心就會產生衝突，於是孩子就「裹足不前」，事事都看父母的臉色。有些孩子因為父母工作忙，很少和孩子一起，孩子問父母意見時，就會有足夠的理由和父母親近，取得多些關注。孩子會想出各種辦法，讓父母知道他有多需要他們。假如這種方式靈驗，孩子就會把這個行為變成日常；如果父母煩了，孩子就會發展出其他的方式，比如不上學、生病等，再尋求父母的關注。

有能量的説話

孩子做甚麼都問父母的意見。可以回應：

💬 「寶寶，媽媽覺得你一定有自己的主見，如果把做決定的權利交給你，你看看會怎麼做呢？」

💬 「你的想法很好啊，爸爸媽媽都沒想到，你是怎麼想到的呢？」

💬 「你的想法很有創意，只是我還有一點不明白，你能給我具體講講嗎？」

**心理
小知識**

為避免孩子發展出依賴型人格，家長要在孩子成長初期注意自己的言行是否有不良影響，比如父母對孩子説過具壞影響的話，例如：「你怎麼這麼笨，甚麼也做不好？」、「你笨手笨腳，還是我來吧」等；家長可以把這些話語仔細整理出來，然後認知重構──變成好的語言，比如第一句變成：「你很細心啊，一定可以做得很好」；第二句變成「看來你很希望趕快做好，你慢慢來，媽媽等你做完」，家長不斷的語言重構有助孩子消除不良印記，多給予肯定，引發自信心。

第5章・自理篇

173

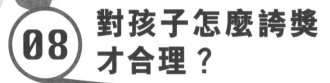

08 對孩子怎麼誇獎才合理？

我們做家長的，在孩子的培養和教育過程中，會有各種各樣的擔心，擔心孩子在自己的某個疏忽或某個不當的行為下，給孩子帶來不利的影響，甚至造成一生的遺憾。

給孩子的讚賞要客觀和具體

近年社會提倡對孩子多一些讚賞，但有些家長發現，剛開始讚孩子還有激勵作用，但讚多了，孩子就不屑了，甚至自以為是、過度自信。還有些家長說：「我每天都想辦法讚孩子，可是他不但沒有進步，反而還退步了。」是的，家長從各種渠道接收到的教育孩子的方法，並試行，包括要多讚孩子；但不同的孩子，效果也不一樣，同時家長在實踐中也會有所偏離，最後弄得家長無所適從，依舊會覺得教育孩子是個難題。

家長讚孩子「你真棒」，孩子會反問「我哪裏棒？」這時，家長可以把你認為孩子「棒」的地方具體化，這樣孩子知道在父母眼中，父母在乎的是甚麼。比如，說孩子「認真，特別棒」，再比如：「你可以幫助小朋友，很有愛心。」孩子會在意家長在意的地方，所以家長希望孩子在那方面成長得更好，就可以強調那方面。父母擔心的「過度誇讚」帶來孩子的「過度自信」，通常是家長的誇讚不夠客觀，或者比較泛泛、不夠具體。

父母要從內心感受孩子的好

被誇獎過多的孩子，也會出問題。比如讚孩子「真聰明」，孩子就會覺得自己是聰明的，容易沾沾自喜；也容易覺得聰明的人就不需要努力。而孩子不努力、不用功的最終結果，就是成績退步。還有些被誇讚聰明的孩子會擔心，一旦他努力了，就說明他就是先飛的「笨鳥」，那就不能顯出他聰明，「聰明」反而變成孩子的壓力，孩子生怕自己努力了也做不好，反而就放棄不做。

稱讚孩子時，家長首先從內心感受到孩子的優秀。家長要對自己說：「我們的孩子是好的，雖然現在有很多我們看不慣的地方，那是我們的問題，孩子一定有他自己的想法，只是我們沒有很好地理解孩子。」此外，孩子是有分辨能力的，父母讚孩子，孩子知道哪句話是真心的、哪句話是誇張，哪句話是為了激發他的。如果家長可以放鬆心態，就會帶着「旁觀」的態度，欣賞來自自己的這個生命。

有能量的説話

對孩子怎麼誇獎才合理？可以回應：

> 「這條題目你做得很好，你肯動腦筋，從多個角度思考，真好！真聰明！」

> 「你可以幫助小朋友，很有愛心，這個很棒！」（誇讚具體的做法）

心理小知識

心理學家羅傑斯在提到「積極關注」時指出：自我知覺出現後，嬰兒開始產生被人愛、被人喜歡和被人認可的需要。如果孩子看到無論做甚麼都能獲得父母的接納，那他們獲得的就是「無條件的積極關注」；但大部分孩子所接受的並非父母無條件的積極關注，而是有條件的，只有滿足了所謂來自父母的期望，孩子才能得到父母的愛，這便是「有條件的積極關注」。

第 **6** 章

修養篇

高質素的孩子人人愛，積極正面的心理不可少。

01 怎樣應對孩子說髒話？

現在的孩子接觸的人際世界比較豐富，不知道從何時、何地就學到了各種髒話。一般家長聽到孩子說髒話，馬上就發怒，開始斥責孩子。當家長做出過激的反應，孩子也會被嚇到。那麼，家長應該怎樣應對呢？

孩子未必理解髒話的意思

所謂「髒話」，無論你是否理解它的意思，我們聽起來，都有音調比較重、情緒比較強的特點。當孩子說髒話的時候，引起家長的反應很大；孩子平常說話時，家長可能不去理會他。當孩子一句髒話說出來，家長馬上會「撲」到他的面前，那個關注度，是孩子很需要的。如果孩子說出一句髒話就可以獲得他平時得不到的關注，你想，孩子是否會享受那種「中心感」呢？

家長聽到髒話，感到恐慌是可以理解的，生怕孩子學壞。但孩子其實未必能真正理解其含義。如果家長可以做到當沒聽見孩子的說話而不理他，孩子得不到特殊的反應，就會覺得無趣，慢慢就不說了。再者，當大人聽到孩子說髒話時，都當孩子不知道；因為這時你的情緒是平靜，你會把孩子的話當成平常話，可以做到傾聽、不帶責備語氣地和孩子討論。

語言是用以豐富表達內容

對於孩子説髒話，家長可以帶着好奇的語氣對孩子説：「咦？你這句話説的是甚麼啊？」這樣一問可以引發孩子的解釋。通常，你會聽到孩子説：「我也不知道，那人這麼説……」這時你可以回應：「原來是這樣。可是，你知道嗎，這不是好話，以後不要再説了。」同時，家長可以摸摸孩子的頭，或抱抱肩膀。

之後，可以和孩子討論甚麼樣的語言能更好地表達他那時想表達的情緒。比如，可以建議：「我知道你想表達情緒，我們想想用甚麼詞更好。」和孩子一起查查不同詞語代表的意思。這樣，孩子説髒話的事情被重新賦予了意義 —— 是孩子想更豐富地表達自己！

有能量的説話

孩子説髒話。可以回應：

💬 「你説這句話是甚麼意思？」

💬 「你知道嗎，這不是好話，這些話很不好，以後不要説給別人聽啊。」

💬 「我知道你想表達你的情緒，我們想想用甚麼詞更好……」

02 發現孩子說謊

孩子之所以說謊可能有幾方面的原因，比如：孩子不敢說真話，怕父母打罵，怕老師批評；孩子不願意說真話，因為說真話家長反而斥責；孩子習慣說謊沒有被察覺，反而獲得更多的獎勵；孩子可能跟家長那裏學會說謊，家長不覺得，卻在孩子身上放大。

問題背後都有正面的期待

孩子說謊，是不想因為說出真話而得到批評，或者本來可以享受的待遇卻沒有。大部分家長都會看問題的表面，不會去看問題背後的期待。有一個女孩，她對父母說謊，說她被評為優秀學生，考試排名很好，甚至說自己獲得某項比賽的獎勵。孩子的家長重男輕女，平時也不關注女兒的事情，每次聽到孩子「報喜」，就會給孩子一些錢作獎勵，至於真假，家長懶得過問。

當孩子的說謊被揭穿的時候，家裏發生了很大的「戰爭」，直至這個女孩離家出走，被警察發現送回來，家長還生氣，依舊對孩子的行為不依不饒。這個孩子看起來絕對是個有說謊問題的學生，但從心理學的角度看，一個孩子的問題只是「顯示器」，背後都是家庭關係互動的結果。

家長的態度決定孩子是否誠實

　　孩子說謊，家長一般會責怪孩子為甚麼說謊，再繼續問真相是甚麼。對於孩子說謊這件事已經「擺上枱」，家長可以對孩子說：「我了解這件事你沒有實話實說，我想你一定有你的困難。但是爸爸媽媽很想幫助你，想聽到真實的情況是怎樣呢？」

　　這時候，孩子通常會和家長講真話。如果孩子依舊不和父母合作，那家長可以暫時放過孩子，只留一句話即可：「看來，你還想等一等再講。」然後，擁抱一下孩子。家長要有耐心，孩子才會安心。假如問題沒有那麼嚴重，孩子又不知道家長知道他說謊，那麼家長可以再等等，不要急於詢問，也可以在適當的時候，說出上述的話，讓孩子知道家長是他最大的靠山，而不是最大的恐懼。

有能量的說話

發現孩子說謊。可以回應：

> 「我了解這件事你沒有實話實說（注意是「實話實說」，而不是「說謊」），我想你一定有你的困難（或「你一定有你的理由」）。但是爸爸媽媽很想幫助你，所以想聽到真實的情況是怎樣的呢？」

> 「看來，你還想等一等再講，沒關係，只要你需要，爸爸媽媽隨時在這裏幫助你。」

第6章・修養篇

181

孩子說話總用攻擊性的語言

03

如果孩子總是說攻擊性的語言,這個問題是需要家長正視的。這樣的語言,一般很少是孩子自己發展出來的,它是帶着如此的憤怒與詛咒的語言;憤怒是會生長的,憤怒不去化解,有可能會由量變到質,而變成為「反社會人格」的。

背後是憤怒情緒的展現

憤怒的背後是諸多負面情緒的積累,這些負面情緒或心理感受包括:絕望、生氣、惱怒、憂傷、委屈、筋疲力盡、害怕、灰心、厭煩、擔心、悲傷、憤怒、焦慮和壓抑等。所以,家長要了解孩子究竟積累了甚麼的負面情緒。

有一個孩子,小時候父母離婚,媽媽帶着她到爺爺嫲嫲家,而爺爺嫲嫲是個脾氣很大的老人家。媽媽帶着孩子生活在爺爺嫲嫲身邊,令爺爺嫲嫲家本來就不寬敞的住所更加擁擠,於是他們整天對孩子的媽媽批評,帶着不滿,這個不滿又「連累」到外孫身上。爺爺嫲嫲對孩子的父親不滿,於是對孫女也處處看不慣。孩子小小年紀卻感受到老人家的不友善,於是到了小學三、四年級,就已經滿嘴的惡毒語言;憤怒的語言是有感染力的,它可以讓情緒得以宣洩,也可以激發內心更多的憤怒情緒。

從行為去透視冰山

如何幫助孩子從憤怒的情緒中走出來？心理學家薩提亞提出「冰山理論」，實際上是一個隱喻，是指一個人的「自我」就像一座冰山，我們能看到的只是表面很少的一部分——行為，而暗湧在「水面」之下更大的「山體」，則是長期壓抑並被我們忽略的「內在」。

行為是指行動、故事內容，這裏可以指孩子做了甚麼，如用惡毒的攻擊性的語言。孩子的應對方式或姿態是甚麼？是憤怒地指責。那是甚麼的感受才讓孩子如此指責他人？是憤怒、傷害、恐懼、憂傷，還是悲傷？孩子為甚麼會有這樣的感受？他是持有怎樣的信念、思考或想法？是否他覺得自己不被愛、是被嫌棄的呢？家長可以學習如何從孩子的行為去看孩子行為下面的「冰山」——那個被深深凍住深層次的感受和對自我的認識。

有能量的説話

孩子説話總用攻擊性的語言。可以回應：

💬「媽媽覺得你心裏有很多話想説，媽媽希望你説出你的願望，而不是不好聽的話。」

💬「媽媽很願意聽，你把心裏希望爸媽做到的事告訴我們，你是我們的寶寶，我們希望能讓你感受到我們愛你。」

💬「你説那麼不好聽的話，一定有很多委屈和難過。你能和爸媽好好談談嗎？」

沒有一個孩子天生就愛吹牛、說話誇張的。李老太讚她的外孫：「我們大孫生下來就不會說髒話。」孩子的媽媽回應：「誰生下來都不會說髒話！」惹得全家人哄笑。同樣是這個道理，孩子的行為，不是天生就這樣的，孩子成長的環境對他的影響是巨大的。

言行會在成長中不斷養成

　　孩子說甚麼話、怎麼說話這件事，會有幾方面的成因，包括：是和家裏大人學到，不論是誰，他都可以跟住學。你會看到很多孩子和爸媽或家中某個老人家說話的語氣、表情、神態很像；假如家裏的老人家不在他身邊，換了另一個人照顧他，你會看到，過了一段時間，孩子又會像這個人說話的神態了。

　　孩子的行為也是被家長「鼓勵」出來的。孩子說話誇張通常是受到家長的「鼓勵」，孩子覺得家長喜歡他這樣說話，而家長則多是在無意識中「鼓勵」孩子。有時在生活中，孩子實話實說，或許會遭到質疑；這可能是在家裏，也可能是在學校。孩子為了保護自己不再受到「攻擊」，於是自己啟動了「防禦機制」，免受傷害。而且，吹牛或誇張別人將信將疑到完全相信，並由此獲得誇讚，這些經驗會讓孩子不斷重複，樂此不疲。所以，這裏講的「鼓勵」，是家長的一種態度。

引導孩子正確地表達

　　無論孩子哪種行為，在父母面前的行為，都是希望得到父母的關注。孩子吹牛或説話誇張，一定是獲得了某種「好處」。所以，當家長意識到孩子愛吹牛或説話誇張時，不要急於去揭穿。家長需要忽略孩子不好的地方，而發現孩子行為背後好的初衷，善意地加以引導。家長可以在此時對孩子説：「聽起來很有趣，這個故事你怎麼會講的這麼精彩！」

　　這裏説的「好處」是把孩子誇大的部分合理化，給孩子一個「台階」，引導孩子正確去表達。讓孩子知道大人知道他在編故事，但沒有批評他，而是包容他。孩子的創造力沒有受到打擊，但家長可以引導孩子在正確的地方使用。培養孩子，家長需要用平常心。

有能量的説話

孩子愛吹牛，説話又誇張。可以回應：

💬「你講的內容很有趣！」

💬「你可以講得更具體一些嗎？」

💬「你講的聽起來很酷，但媽媽希望你可以描述得具體一些，這樣媽媽會容易理解。」

💬「我知道你這麼説是希望媽媽開心，但其實你怎麼講，媽媽都喜歡。」

💬「媽媽很喜歡聽你講話，你的聲音媽媽很喜歡聽。」

**心理
小知識**

「積極關注」是指在心理諮詢過程中，心理學家對求助者的言語和行為予以的關注，從而使求助者擁有正面價值觀。心理學家應以積極的態度看待來訪者，強調他們的長處，從而使求助者擁有積極的價值觀，擁有改變自己的內在動力。

05 孩子在公共場合大聲說話和打鬧

有次，我和兩個老師坐火車，4 個小時的車程，跨越了中午，於是在吃完午飯後，我們都靠在座椅背上休息。正當想休息時，一陣孩子的大喊大叫伴隨着大笑和家長對話的聲音從腦後方傳來，直鑽入耳。我們回頭一看，只見三個媽媽和三個孩子正在揮舞着勺子、邊吃邊笑鬧着。這時，周邊的乘客多數也都皺着眉，但大人和孩子渾然不知。

小心在公共場合「管」別家的事

對於上述提及在火車的場景，記得坐在我旁邊的年輕老師回頭，對家長說：「你們能不能叫孩子細聲點！大家都在休息。」其中一位媽媽大聲說：「孩子鬧，我們有甚麼辦法！」這個老師回應：「你們可以告訴孩子不要那麼大聲啊！這裏是公共場所！」這個媽媽更激動：「我怎不知道是公共場所？你試試啊！怎麼說都不聽！我有甚麼辦法！」媽媽一邊尖聲回應，一邊怕打孩子，孩子在斥責聲中哭。

這次坐火車的衝突，我們也是第一次經歷，於是，在以後的行程中，我就格外留意，不要在公共場合這樣給家長提意見。每個人都有自尊心，不希望在公共場所被當成指責的對象，家長收到指責，就會遷怒孩子，孩子雖然會記住這個場景，但也會給孩子造成心理陰影。

及早教孩子人與人的相處之道

絕大多數人是不會打擊人家的自尊心，這點是可以理解的。我們講「禮多人不怪」，就是社交的智慧。你給人家禮貌，人家還你以禮，這些人與人的相處之道，我們也應該早些教育孩子。

當孩子在公共場所大聲說話、玩遊戲的時候，家長可以把孩子引到身邊，在孩子的耳邊輕聲說：「我跟你說點悄悄話」或「過來，媽媽跟你有話說」，也可以說：「你看，這樣的公共場所大家都很安靜，這是一種修養，我們的小公主（小紳士）就是有修養的，對不對？」父母是孩子的第一個老師，孩子會把家長的言行，實實在在地學到，這個就是「認同」。

有能量的說話

火車上孩子大聲說話。可以回應：

> 「你看，這樣的公共場合大家都很安靜，這是一種修養，我們家的小公主（小紳士）就是有修養的，對不對呀？」

心理小知識

「禮貌」和「討好型人格」是不同的，禮貌是一種社交的修養，是自尊的表現。而「討好型人格」是低自尊的表現，討好型人格是指一味討好別人而忽略自己感受，是無原則的退讓和放低自己。討好型人格是一種不健康的心理狀態，有抬高別人、貶低自己的錯誤邏輯。分清上述兩個概念，從小培養孩子的自尊與自信，讓孩子心理健康地成長。

06 孩子偷取別人的東西

我不時會邀請朋友帶孩子來家玩，家中的「零碎物」較多，有時會遇到孩子悄悄拿了甚麼，又被孩子的父母發現。有一次，我聽到洗手間虛掩的門內，媽媽輕聲問她 5 歲的兒子：「這個是你偷偷拿的吧？」、「你是不是很喜歡它？」、「拿別人東西是不好的，你知道嗎？」聽到此，我趕忙悄悄躲進旁邊。這個媽媽一直語氣嚴肅而溫和，孩子沒有出聲，估計是點頭回應媽媽。

孩子沒有清晰的道德意識

一般偷取別人東西的孩子，一是界限感模糊，二是自控力不足，尤其是「延遲滿足」能力的欠缺。說明在兒童早期的成長訓練中，家長沒有充分重視。孩子對別人的東西感興趣，馬上就想擁有，才會偷偷拿走，這個就是「延遲滿足」的能力不足。還有，孩子偷取別人的東西，可能是他有被家長拒絕的經歷，不敢再向父母要，而選擇去偷；又或孩子曾經偷取別人的東西，沒有被父母發現，孩子因為「隱秘的成功」而感到「成就感」。所以，家長發現孩子偷取東西，需要耐心而嚴肅地告訴孩子。切忌把問題提升到道德問題，孩子還沒有清晰的道德意識，即使是青少年期，一旦上升到道德問題，孩子被貼上標籤，對他來講是非常嚴重打擊自信和自尊的。

有能量的説話

孩子偷取別人的東西。可以回應:

💬「你是不是很喜歡這個東西呢?可是你知道這個不是我們的。就像你不是別人家的小孩,別人把你帶走,爸爸媽媽會傷心的。」

💬「你想要甚麼可以告訴爸媽,但不可以自己拿別人的東西,東西不是我們的,不可以拿。」

心理小知識

「延遲滿足」是指一種甘願為更有價值的長遠結果而放棄即時滿足的抉擇取向,以及在等待期中展示的自我控制能力。心理學家米歇爾對於「延遲滿足」的實驗説明:那些能夠延遲滿足的孩子自我控制能力更強,他們能夠在沒有外界監督的情況下適當地控制、調節自己的行為,抑制衝動,抵制誘惑,堅持不懈地保證目標的實現。

07 孩子不願跟陌生人打招呼

有些孩子和父母一起，遇到父母的熟人，父母讓孩子叫阿姨、叔叔，而孩子則躲在媽媽身後不叫人。孩子的父母會生氣地說：「你這孩子，怎麼這麼沒有禮貌！」繼而再轉向熟人，面露尷尬：「不好意思，這孩子就是不叫人，不懂事！」熟人通常也會趕緊打圓場：「孩子嘛！沒事！」

自我保護的本能在起作用

有一個朋友的孩子，也是不叫人，朋友很為難地說：「我怎麼說都沒有用！」家長請想想，我們為甚麼一定要讓孩子和大人打招呼呢？不叫就是不尊重長輩嗎？當然不是。你會看到有些孩子不叫人，但當跟人熟悉了之後，他會讓某位叔叔或阿姨，遞糖果、玩具，開始和別人互動了，而這時的叔叔阿姨，通常是特別和顏悅色的，言談溫和。

記得我從 4、5 歲就不叫人，我的父母苦口婆心地教我要有禮貌，我才開始和外面的叔叔阿姨打招呼；但對於父親的兄弟姐妹及其家屬，我都不叫，哥哥姐姐也叫不出口。回想起來，那時是因為不到 5 歲時爺爺去世，我是長孫女，所以被派往跟嬤嬤做伴，嬤嬤的子女去看老人家，老是要逗弄我，把我

弄得很不知所措，於是就不開口了。不說話就不會引起大人更多、那些我不明白的話。

自我保護基制如何運作

從心理學的角度看，孩子不叫人、不願意跟大人打招呼，大多因為孩子自我保護的本能在起作用。它會有不同的心理原因。可能有以下幾種：（前兩種原因表明孩子啟動的是保護自己的安全感和自尊心；後兩種原因體現了孩子啟動的是保護自己的獨立感和自尊感，同時也在反抗爸媽的束縛。）

(1) 孩子不認識這個人。他不認為要理會這個人，或者這個他不認識的人讓他膽怯，即使這個人和父母熟識。

(2) 孩子不喜歡這個大人。這個大人老逗他，那神態好似動畫片裏騙小孩的壞人。孩子不喜歡被逗弄的感覺。

(3) 孩子不希望被家長操控。孩子不想給媽媽面子。通常這樣的媽媽會指責孩子不懂事、不尊重大人，還會向人家解釋是孩子不懂事。

(4) 孩子覺得叫人由自己話事。孩子覺得：「我想叫人是我自己想叫的時候才叫，而不是你（媽媽或爸爸）讓我叫我才叫」。

大人的世界不一定要孩子參與

孩子不喜歡跟陌生人打招呼，如果不是熟人，說明孩子的安全意識很強。當熟悉以後，孩子的戒備減少，他會用自己的方式來打招呼；還有些孩子覺得和大人沒甚麼可聊的，沒有話題，當然也就不知如何開口。

要明白，大人的世界不一定要孩子參與，讓孩子和外人打招呼也不過是走個過場。如果在孩子的小時候就培養這種意識：「來，和叔叔打個招呼，你自己去玩。」這樣，孩子就知道自己不必參與大人的交流，他只是來打招呼，之後可以自己去玩，而不是作為家長的陪襯，他就不會拒絕打招呼；只怕家長一邊聊天，一邊把孩子看得緊，孩子會因此討厭來家裏的這個人，他也不願意打招呼了。

有能量的説話

孩子不願跟陌生人打招呼。可以回應：

> 「媽媽很希望你去打個招呼。」

> 如果孩子不打招呼，家長不要勉強，家長和對方打個招呼，然後介紹一下孩子。對方和孩子打招呼，孩子不回應，家長也不要責備孩子，而是跟對方説：「孩子還沒準備好打招呼」，然後微笑地對着孩子問：「是這樣吧」，拍拍孩子的肩膀，給孩子自己去玩。

心理小知識

孩子不叫人有很大部分是孩子自尊的表達。叫人需要張口表達，既表達自己的發聲特質，同時也需要在外人面前展示自己，而展示自己則需要自覺有足夠好。家長當着孩子的面和外人談論孩子，會影響孩子的自尊心，他會覺得自己被父母暴露、沒有隱私、沒有安全感，家長通常不以為然；正是這種不安全的感覺，孩子才不願意和其他人打招呼，以免把自己暴露於外人面前。

08 孩子開玩笑過火

孩子愛開玩笑，一般是模仿而來的，通常是從家長或身邊的成年人那裏學來。孩子會不經意地模仿大人說話，尤其看到大人開玩笑，大家哈哈大笑，家庭氣氛融洽。而且，開玩笑的人通常都會成為群體的中心，也容易成為大家的焦點。

開玩笑屬討好型行為

孩子在兒童期的時候，通常都喜歡引起父母或家人的注意，希望得到更多的關注。當某次孩子模仿大人的玩笑話，從而獲得家人的笑聲、驚歎，甚至讚歎。孩子就會受到鼓舞，覺得這是一個討好父母的好方式。於是，孩子就會不斷地想辦方設法用開玩笑來講話。

行為上的開玩笑，也會讓孩子樂此不疲，比如，孩子會藏在門後，給他人一個驚喜或驚嚇；或者相伴於語言，通過開玩笑的方式，給對方一個措手不及。但孩子在兒童階段，語言、思維、行為等的控制上，尚未發育完全。所以，在開玩笑時，情緒、身體都處於興奮和亢奮的狀態，把握不好分寸，容易過頭。此時，家長不要急於批評，也不要責備孩子，哪怕孩子因開玩笑的行為闖了禍，家長不要在這個時候反應過激，給孩子造成心理陰影。

自我防禦機制的表現

從心理學上的防禦機制的角度看，一種情況是孩子不好意思直接表達，他要回避他真實的心理，用一個反向的表達方式，這樣可以讓自己保留面子。這樣的孩子需要父母多給予肯定。比如，孩子想和某人拉近距離，但因為某種原因，孩子不好意思正面表達，可能就會通過開玩笑來表達。

畢竟孩子在人際交往中的能力有限，所以常會有表達方式上的不準確，無論言語或行為，都可能有表達不到位的地方，要麼沒表達清楚，要麼開玩笑過頭，都可能造成對方的誤解或不接受。這時候，家長如果獲悉，不要諷刺挖苦或批評，而是給予孩子一定的安慰，幫助孩子在挫折中成長。

試探父母或發洩情緒

假如孩子對家長正常表達想法和願望，經常被家長否定。孩子在表達上受阻，那麼就不敢真實表達自己的想法。或許，孩子心中有許多的不滿情緒；但是，家長沒有給孩子發洩的機會。於是，孩子就只好用開玩笑的方式去試探父母。對此，家長就要自我覺察，是不是和孩子的溝通出了問題。

孩子開玩笑是語言能力較強的一種表現。開玩笑也是人際交往模式的一種表達。開玩笑適當，可以化解尷尬、緩和人際矛盾、達成平時不易達成的目標，但一定是在現場的人能接受的程度內。假如父母可以很好地引導孩子的表達，同時也能幫助孩子發展適當的幽默感，可以給生活帶來歡樂和愉悦。

第 6 章 · 修養篇

195

有能量的說話

孩子開玩笑過火。可以回應：

💬 「媽媽知道你開玩笑，是吧？但是你的朋友可能不習慣這樣的玩笑，你看看怎麼安慰他。」

💬 「你剛才看到別人對你的玩笑生氣，你可以告訴媽媽你心裏的感受嗎？你本來希望和別人建立友好的關係，那我們看看以後怎麼樣說更好，好嗎？」

💬 「假如你不是開玩笑地說，如果是你正經的表達，媽媽想知道你想怎麼說。媽媽很希望聽到你真實的意思，你放心，媽媽會好好聽你說的。」

心理小知識

真誠是孩子需要學習的，真誠是坦誠相待，從心底感動他人而獲得信任的一種品德。我們用心理防禦來把不愉快的感受拒絕在意識之外，而因為長期回避真誠的情感表達，以至於不會、不能或不敢真誠地面對事情，不自覺地啟動自我保護機制，以獲得自己能接受的自我感受。當我們的內心沒有恐懼，變得自信，能夠真實地面對自我、接納自我，我們也就自然而然地學會真誠。

09 怎麼教導孩子不要隨便接受別人的禮物？

收到禮物是一件美好的事，親朋好友之間互送禮物，是一種情感的交流與表達。而親朋好友之間給對方家中的孩子送禮物，更是令人愉快的事情，尤其過年過節，各家各戶的禮物更是悉心準備，你來我往。稍微年紀大一些的孩子，他們自己選購一些小禮物和小朋友相互贈送，表達友誼。

正確訓練孩子的人際邊界感

孩子之間的友誼通常是脆弱的，有些小朋友之間吵架之後，就要取回剛送去的禮物。這時大人通常不要插手，孩子自己一會就「雨過天晴」。假如孩子來求助大人，家長可以鼓勵孩子：「你可以好好說話試試看，看怎麼要取回你送的禮物。」如果孩子的性格內向退縮，家長就不要勉強孩子自己解決，要告訴他：「要取回禮物也是要還回收過的禮物，你願意嗎？」然後，再鼓勵孩子和小朋友友好相處。

對孩子來講，邊界感是從小就需要訓練的，而一般 3 歲以後的孩子就可以訓練人際邊界感。家長可以在孩子和小朋友一起玩的時候，以及上幼兒園時，就教育他「別人的東西都不是你的，不能不經小朋友或老師的同意就拿去玩，更不能沒經過同意就拿回來。」

第 6 章・修養篇

197

家庭中的邊界不容易劃分，但也很容易劃分。爸爸和孩子、媽媽和孩子、老人家和孩子、孩子和孩子，每兩個人都有自己的關係模式，其他人不隨意插手才可以各自把各自關係管好。父母是孩子的第一個老師，父母言語上教育孩子，不如身體力行來得有效。

不要把給予孩子自己的空間和時間

許多家長在教育孩子不拿別人東西的同時，會教育孩子不要小氣，要分享。這樣孩子的價值觀就被打亂。此外，更要允許孩子說「不」，包括不要、不給、不喜歡、不高興、不願意等。當孩子可以說出「不」了，孩子就不會把委屈憋在心裏，孩子的情緒得以正常表達，孩子就不會出現情緒失控的問題。

孩子自己的物品讓孩子學會整理和保管，允許孩子在規定範圍內使用自己的零用錢，遇到大額支出再來徵求父母的意見。孩子之間互送禮物，可以在孩子小的時候讓爸媽參與並提出意見；但也要告訴孩子：「爸媽的朋友或同事送的禮物，即使是送給孩子的，那也是爸媽的人際關係帶來的。所以，一定要爸媽同意才可以收。」

怎麼教導孩子不要隨便接受別人的禮物？可以回應：

> 「如果以後再有別人送你禮物時，你可以先問問爸媽，如果爸媽不在，就告訴人家說一定要爸媽同意才可以。一定要讓爸爸媽媽同意了才可以收，知道嗎？」

心理小知識

在我們每個人的心裏，都有一個看不見、摸不着的「心理邊界」，它將我們和外界區分開來。如果一個人有清晰的邊界感，即使矛盾再多，這個人也能保持穩定的人際距離。他會知道每個人都是一個獨立的個體，人與人之間各自不同，保持心理舒適的社交。但如果一個人的邊界感不清楚，就無法接受人與人的差異，就會在人際上有依賴心理；也會把自己的意願強加於人，強行跨入他人的領地。

10 怎麼教育孩子學會感恩？

收到禮物是一件美好的事，親朋好友之間互送禮物，是一種情感的交流與表達。而親朋好友之間給對方家中的孩子送禮物，更是令人愉快的事情，尤其過年過節，各家各戶的禮物更是悉心準備，你來我往。稍微年紀大一些的孩子，他們自己選購一些小禮物和小朋友相互贈送，表達友誼。

家長以身作則，給孩子做榜樣

記得在一次諮詢中，一個年輕的媽媽很苦惱地對我述説生活的不如意。她有一個兒子，剛 3 歲就動不動對她發脾氣，嫌媽媽給他餵飯的方式不對、嫌媽媽給穿衣服穿得不舒服等。這位媽媽邊説邊哭：「怎麼現在的孩子這麼不知道感恩！居然對我這個態度，將來長大了會怎麼樣啊！」

當我了解到，他們一家三口是和婆婆同住，婆婆從鄉下來幫他們照顧孩子，孩子説：「我很不喜歡婆婆，她的衛生習慣不好，把孩子都帶鄉土了」等。每天回家，她幾乎都向老公抱怨婆婆，夫妻關係也很不愉快。我問她：「假如不是你婆婆，是其他人，每天幫你照顧孩子，做家務，你會怎麼對這個人？」她説：「我會很感謝她！」我問為甚麼，她回答：「因為她

幫了我呀，我當然要感謝她。」我又問，她說她會口頭說謝謝，也會在節日給人家買禮物等。其實，孩子對婆婆的態度也會受家長對婆婆態度的影響。你的心裏不舒服，你婆婆的心情，你是不是也可以想到。結果，我們演練了回家後如何對婆婆表達感謝。

行為不斷重複，心態隨之改變

教育孩子學會感恩，是一件從小培養的事情。有些家長會「強迫」孩子說「謝謝」，結果孩子非但不說，還和家長賭氣，甚至從無聲的抗拒到大哭大鬧。其實，家長只要自己表達感謝就可以；孩子不說，不代表孩子心中沒有感謝之意，只是他不願用語言表達。孩子也許是他曾經有過說出來的話被大人笑話或父母不滿意的經歷，也許他的父母對他的語言要求過高。

特別是當着外人面前的時候，你愈說：「孩子怎麼這麼不懂事？」，孩子愈會反叛。家長可以私下問：「剛才你不說謝謝，是不是你有甚麼想法？」也可以對孩子說：「媽媽希望你將來可以做到自己表達感謝，因為表達感謝是長大後應該有的修養。」當孩子第一次主動說出「謝謝」時，家長千萬不要大驚小怪地，這樣會把孩子嚇倒，以後他就可能不好意思表達。此時，家長只要對孩子微笑，就是一種認可和鼓勵。

有能量的說話

怎麼教育孩子學會感恩？可以回應：

💬「剛才你不說謝謝，是不是你有甚麼想法？」

💬「媽媽（爸爸）希望你將來可以做到自己表達感謝，因為表達感謝是我們長大後應該有的修養。」

心理小知識

「重要他人」是心理學和社會學兩個學科都關注的概念，「重要他人」是指個體在社會化和心理人格形成的過程中，具有重要影響力的具體人物。人類本來就是社會性的動物，「社會性」決定了人類的個體不能脫離群體而單獨生活。個體在群體中無時無刻都處於他人的影響中，他人的影響從我們出生開始（甚至在胎兒時期），一直到生命的最後一刻，他人都會對我們產生或多或少的影響。在生活中那些對我們有着重要影響的他人，其起到的作用尤為顯著。

第 **7** 章

價值篇

自我意識的高峰期，
給孩子更高的自我價值觀。

01 孩子被人嫌棄外貌醜

現在的孩子尤其在開完家長會，會互相評論父母，尤其是評論媽媽；孩子可能會被其他孩子討論，又會在媽媽面前說：「媽媽你穿得不好看，太胖了！」等言語，孩子這樣說是有道理的。心理學有研究指：「媽媽愈漂亮，孩子愈自信。」這是孩子在成長過程中對自我認同很關鍵的部分。

父母是孩子人生中第一個榜樣

孩子出生後，和母親從一體到分離，從對母親的完全依戀到逐漸脫離母親的懷抱，從最小時對母親的認同，到對父親的認同，孩子對自己的認知，幾乎全部都來自父母。再大些，孩子才會從別人眼中認識更多，甚至不一樣的自己。男孩從嬰兒期的母親認同到幼兒期的父親認同，基本上完成了他心目中男性的模板 —— 爸爸的認知，他會向父親學習做男人，女孩則會向母親學做女人。

有一個女孩全年生病，不能上學，脾氣不好，覺得自己沒有未來。女孩的母親不到 40 歲，穿得很隨意、也不打扮，任由自己素面朝天。我對她說：「你可以給自己一個美好、美麗、自信的模樣嗎？」這樣也可以給女兒一個美好、美麗、自己的模樣；這個媽媽說：「我多年沒有打扮自己，我都忽略了自己的生活，老師謝謝你點醒了我。」

不必擔心孩子只顧美醜

家長都被工作、孩子拖累而忽略了自己，也有一些母親過分打扮，被孩子的同學當成笑柄。如果孩子給媽媽提出形象上的意見，可以回應：「媽媽也想變得漂亮，你有甚麼建議呢？」孩子眼中的媽媽都是漂亮的，這樣的感覺也是孩子對自己的認可。孩子說媽媽醜，更多是她覺得媽媽的打扮讓她不如意。所以，媽媽可以聽聽孩子的想法；然後問：「你覺得媽媽怎樣才漂亮？」孩子會給你挑出他覺得好看的衣服、髮型和配飾。

我的孩子小時候特別喜歡我穿鮮艷的衣服，塗抹唇膏，但我自己喜歡素色的衣服和淡妝。於是，我採取折衷辦法——在去參加孩子家長會的時候，穿素色的衣服，配上鮮艷的圍巾或配飾，化淡妝但塗較為鮮艷的口紅。結果，既滿足了孩子的「虛榮心」，又滿足了我的「不張揚」。父母，是孩子人生的第一塊「模樣」，把真、善、美的模樣展示給孩子，父母也會收穫一個美好的「翻版」。

有能量的說話

孩子被人嫌棄外貌醜。可以回應：

> 「媽媽接受你的意見，媽媽也想變得漂亮一些，你有甚麼建議呢？」

02 被孩子質問：「你憑甚麼管我？」

一般來講，青春期前後的孩子，其認知的發展進入了第二反叛期。孩子可以很強硬地對家長說：「你憑甚麼管我？」。第二反叛期一般出現在女孩約 12 歲，男孩則稍微晚兩年。加上，隨着手機網絡的影響、生活方式的改變等，促使孩子生理和心理提前進入青春期。

自我意識增強，心理能力卻滯後

第二反叛期的特點主要表現在獨立自主要求，從外部因素深入到內在因素，從行為表現到要求人格的獨立。進入青春期後，孩子的思想從客觀世界中抽回很大一部分，重新指向主觀世界，使思想意識再一次進入自我，而自我意識的發展也帶來情緒的變化，表現成青春期的躁動和不能自我控制的情緒波動。

這時父母正處於「上有老，下有小」的情境中，自己的事業、生活和工作的壓力都很大，情緒多處於波動狀態，對孩子的學習和未來都有許多擔憂和焦慮。於是，對於孩子的學習、生活、成長等，父母覺得自己有責任嚴加管教，以免將來孩子因自己的疏忽而耽誤了前程。孩子處於青春期階段，會強烈關注自己的外貌，關心自己的人格和情緒特徵，這時即使家長不去管，孩子也會深受影響，朝向社會的規範去成長，並且會為自己取得的成績而感到自豪和驕傲。

在孩子成長的領域後退一步

當家長了解到孩子生理和心理發育的特點，就可以很好地在孩子成長的領域後退一步，給孩子自主的空間，把孩子可以做的事情都交給孩子自己掌握。當孩子說：「你別管我！你憑甚麼管我？」時候，家長可以告訴他：「我們可以不管你，我們知道你長大了；你和爸媽可以有個約定，當你覺得需要我們的時候，你一定要告訴我們，可以嗎？」假如孩子說：「不用，用不着，我自己能行！」家長可以回應：「我們相信你能行！不論你需不需要，我們永遠站在這裏，隨時聽你的召喚。」這些對話聽起來容易，但許多家長始終不敢放心。所以，家長的放手也需要極大的勇氣。

有能量的説話

當孩子説：「你憑甚麼管我？」可以回應：

💬 「青春期你會面臨很多身心上的變化，爸爸媽媽很希望把我們少年時期的經驗和你分享，你願意嗎？」

💬 「你希望爸爸媽媽怎麼對待你呢？我們希望能讓你感覺到爸爸媽媽對你的愛和關心。」

💬 「你一定有你自己的想法和希望，那你能告訴爸爸媽媽？我們很想尊重你，但我們需要知道你想要甚麼。」

💬 「我們相信你能行！不論你需不需要，爸爸媽媽永遠在這裏，隨時聽你的召喚。」

心理小知識

青春期是每個人生理發育的高峰期，也是生理發育和心理成長的矛盾期，身體外形、生理機能、性發育和性成熟的變化都是顯著的，而認知、思維等的發展則有了一個新的高度。這個時期，家長對孩子需要更多的細心和耐心，給予孩子寬鬆的心理環境和有力的支持，及時發現孩子的異常心理狀態，和孩子平等對話，在關鍵的事情上給予引導和指導。

03 孩子很介意被人評價外形

一個人的自我評價能力是從幼兒期就開始發展的。兒童的自我評價從「依從成人的評價」開始,逐漸發展到開始有自己獨立的評價;進入青春期後,孩子會關注自己的外貌,這是孩子自我意識發展的自然規律。孩子特別在意別人對自己的評價,說明孩子是願意成為人們眼中的美好形象,家長可以正向地看待這個情況,並表達給孩子。

孩子很在意父母的評價

因為在孩子的世界中,別人的評價都是參考,父母的評價才是孩子最在意的,就算天底下的人都不讚孩子,只有父母才誇讚,孩子就會有自信、有信心去修養自己。家長不必在這個問題上過於緊張,如果是年紀稍大一些的孩子,可以對他說:「我覺得你好像比較在意那個人對你的評價,你怎麼那麼看重這個評價呢?」

如果年紀較小的孩子,好像曾經有一個 5 歲的女孩很不快地對我說:「那叔叔說我樣子不好看。」我問她:「你覺得叔叔說的這個觀點對嗎?」小姑娘扭着身說:「我才不聽他的呢!」我回應說:「其實叔叔說的是他自己的想法,你可以問問他怎麼不好,如果你不同意,你可以告訴他你的想法。」於是,女孩就「理直氣壯」地去找那個叔叔了。

家長的態度是對孩子行為的催化

　　孩子在意外來的評價，總好過不在乎自己的形象，這說明孩子的社會化期待較高，願意成為一個在社會上獲得良好評價的人，這是積極的一面。只要孩子不是沉溺於外在的誇讚中，除了修飾打扮甚麼都不想，願意讓自己更美好是正常的；家長的態度更是對孩子行為的催化，**家長表現得淡定、理智、不情緒化地批評孩子，勝過其他一切負面的、誇大的對孩子的影響。**

　　我記得一個諮詢中，那個孩子被同學列舉了一系列的毛病，家長也覺得孩子有這些毛病。而我們在重新探討孩子的這些所謂的毛病，家長看到了其中正向的、良好的品質。所以，不論孩子多麼在意外在的評價，家長接納、包容和淡定的態度是孩子的「定心丸」。

有能量的說話

孩子很介意被人評價外形。可以回應：

> 「媽媽發現你很在意別人說你怎麼樣，你能告訴媽媽你在意他們說的哪些話嗎？你的感受是甚麼呢？」

> 「每個人都會被別人說，我們也有說別人的時候，這個是很正常的。」

> 「你看，別人有自己對人的看法，你也有是不是？所以，每個人的看法都是從自己的角度出發的，你可以參考，但要有自己的見解。」

04 孩子喜歡化妝，過分在意外表

一般而言，經常化妝的媽媽會影響孩子的化妝行為。孩子喜歡化妝和孩子喜歡玩具有類似的地方：化妝品五顏六色、氣味芬芳；媽媽在化妝過程中的專注和享受，都會吸引孩子的興趣。

效仿媽媽是孩子的天性

教育家裴斯泰洛奇說，母親是孩子未來關係的理想典範。母親就是孩子的標杆，是孩子的人生參照物。孩子模仿媽媽，也是期待得到媽媽的認可、誇讚，也是與媽媽靠近和親近的方式之一。

一般而言，孩子大多在 3、4 歲開始就模仿媽媽，有些甚至在媽媽化妝時，認真看，並用媽媽的口紅往自己嘴上抹，類似的例子很多。在節日聚會，女孩雖然內心很想化妝，但上學以後的孩子，由於受社會化影響，她們也會考慮是否會被同學笑話而抑制住自己的慾望。此時，需要一個寬容的媽媽，讓孩子在這個時期盡情享受化妝，並引導孩子怎樣更好看。

家長只需允許和陪伴

孩子在 3 歲之前，心理上主要呈現對母親的認同，而在
3~6 歲，則有一個重要的心理歷程，他們要完成與母親的心
理分離，認同父親。這是非常有意義的成長標誌之一。所以，
當孩子在母親認同的階段可以在完全被接納中度過，那孩子會
自然過渡到父親認同的階段，孩子對於女性化妝的興趣便會
減弱。

孩子在那個時期的心理發展滯留，就說明在那個階段的心
理感受沒有得到充分的享受，所以家長在孩子化妝和所謂「過
分」在意外表這件事上，不需要引導，而是在於允許和陪伴。
作為家長，可以在你覺得需要和孩子在這個方面，有必要談談
的時候，採取尊重和好奇的態度，以不同的方式溝通。

有能量的說話

孩子喜歡化妝，過分在意外表。可以回應：

> 「大人化妝是因為皮膚不嫩了，五官都不精神了，在
> 外面要有好的精神狀態，讓我們看起來更年輕，而
> 小孩子本來就是嫩的年輕的。況且化妝會讓皮膚老
> 得快，你願意老得快嗎？」

> 「演出的時候，化妝是要讓很遠的人看到我們眼睛嘴
> 巴表現的表情的；而平時，小朋友化妝會顯得太誇
> 張了。」

> 「你那麼喜歡化妝，是想化給誰看呀？媽媽和大家都
> 覺得你本來就很好看！」

05 如何應對「為甚麼別人可以，我不行？」

對於孩子問：「為甚麼別人可以，我不行？」，通常來自孩子兩方向的提問。首先，對於能力培養方面的事情，比如「為甚麼別人可以參加夏令營，我不行？」有些家長會說：「你的暑假作業都完不成，還想參加夏令營？」從更深層次的心理動因分析，其實這是父母自己的不自信，不敢相信自己可以有一個各方面優秀的孩子。假如父母可以放手，讓孩子發展能力，孩子便會越來越有自信。

針對某些不好的行為

對於某些行為，例如衝紅燈、不講禮貌等，孩子想要模仿，家長說：「沒有為甚麼，告訴你不行就是不行。」家長面對孩子這問題，有時會覺得不耐煩或不知道如何回應，覺得和孩子解釋起來麻煩，而且家長的一個回答，會引發孩子一連串的提問，家長實在不願意和孩子講「廢話」。

可是，孩子就是喜歡家長的「廢話」，不喜歡家長盯着自己的行為。在這類問題上，家長需要克服自己不耐煩的心理，當你和孩子就一些社會現象展開對話時，或許家長自身的壓力也會減少，更可以獲得孩子給你帶來的驚喜，而不是驚嚇。

第 7 章・價值篇

213

獲得獨立人格的過程

家長可以帶着孩子站在那裏觀察一會現場的狀況，之後問孩子：「你看着他們衝紅燈，你的感受是甚麼？」如果孩子説：「我覺得很危險、很沒有修養⋯⋯」，家長正好可以「順水推舟」提醒孩子：「是吧，你也覺得危險，也覺得他們不遵守公共秩序是不好的，那你就知道我為甚麼説不行了吧！」

假如孩子説：「沒怎麼樣啊，他們不是過去了，沒警察管啊！」此時家長不要急，可以堅持正確的觀點，但要注意措辭，溫柔地堅持：「他們是過去了，但這樣的行為是不對的！你上學了，就是有修養的學生。不好的行為就不可以去學！」

在堅持的態度下，家長需要使用正面的語言，並且需要耐性給孩子一個解釋。家長或許在成長過程中受過「心理創傷」，但這不是如法炮製給孩子的理由。即使那些不愉快的經歷在我們的潛意識中起作用，但要堅信，一個人在成長過程中是可以用自己的力量去改變、去修復那些「創傷」的。

如何應對「為甚麼別人可以，我不行？」。可以回應：

> 「你可以行，只是你需要考慮你做了以後產生的後果，你看一看自己能接受多少。」

> 「你如果很願意嘗試，那我們分析一下會發生甚麼以及如何應對好嗎？」

> 「如果你想好了，你可以試着自己去做，爸爸媽媽可以幫助你渡過難關。」

> 「如果你覺得這樣做是好的，爸媽願意支持你，只是你需要給我們講一講，你看怎麼樣？」

心理小知識

孩子對家長的反抗、質疑，是其成長過程中不斷想要爭取、獲得自己獨立人格的過程，只是他有時不知道哪些東西是他這個年齡該爭取的和應該獲得並使用的。孩子的獨立是一步步實現的，不是一蹴而就，也不是壓制就可以。

06 孩子知錯不改

有些家長問：「孩子，你知道錯了嗎？」孩子回應：「知道。」家長接着說：「能改嗎？」孩子答：「能。」結果錯誤依舊犯。家長怎麼辦呢？其實，很多問題深究起來，道理都差不多，針對這個問題，以下就帶大家深入地從腦科學的角度來探討一下。

切忌使用嚴苛的態度

孩子大腦的發育未完成，他的自控能力也受限制，這是和大腦發育分不開的。家長不可過於追求完美，因為有些問題在大人看來是問題，但從孩子的角度，就是他真實的狀態，而父母嚴苛的態度才是孩子心靈成長的大忌。家長可以對孩子的行為和言語有要求，不能一味將其定義為「犯錯」。家長嚴厲的語氣會讓孩子覺得他的世界是緊張的、是恐懼的，而這種恐懼感會直接作用於孩子的大腦。

腦科學專家的研究表明：受虐兒童的大腦，連接兩個腦半球的胼胝體比較小，小腦皮質的血流量比較少。這會影響孩子的情緒，這樣的孩子容易情緒不穩定，動不動就發脾氣；而長期的受虐就會改變大腦結構，讓孩子變得更加情緒化，甚至會動手打人，嚴重的還會長大後形成反社會型的人格。

非暴力溝通「四步走」

「非暴力溝通」是 Nonviolent Communication（NVC）一詞的中譯，又稱「愛的語言」。NVC 相信，人的天性是友善的，暴力的方式乃後天所學。非暴力溝通的公式是：「觀察→感受→需求→請求」甚麼意思呢？

- 觀察：用客觀的眼光來看待眼前的情景。比如，你回家看到「孩子在床上玩手機，書包扔在地上……」你怎麼批評教導，孩子都無改善。那從今天開始，你可以用客觀的語言描述上述場景，注意這裏不要用「玩」手機，因為你不知道孩子在用手機幹甚麼，或許在和同學交流功課也被看成是在「玩」。上了一天學，即使玩一會手機也可以理解，如果每天都禁止孩子玩手機，愈禁止，孩子的心愈癢癢。

- 感受：傾訴你此時真實感受、情感狀態，盡量説出導致情感變化的原因。比如，家長可以説：「看到你在家的場景，我覺得我要生氣了；因為我覺得一進家就面臨要收拾的局面，感覺好累。」這樣的對話，我用過在自己的孩子身上，他居然一翻身從床上起來説：「不用不用，我自己收拾。」聽後，令我驚喜及立即回答：「那好吧，那我去煮飯。」家庭氣氛馬上變得輕鬆。

- 需求：表達你需要獲得甚麼樣的結果。家長可以表達：「我很希望回到家看到你的房間是整潔的，書包、書本都放得好好的。」這樣表達需求，從孩子角度來講，沒有強迫、沒有指責、沒有命令。有的只是平等的對話、是家長平和的心態，是對孩子的尊重，同時也有明確的要求與期待。

● 請求：最後提出你要獲得的這個結果，需要對方具體執行甚麼事。我們把上述串起來，可以試着對孩子說：「回家後，我看到你一身髒衣服趴在床上，書本散落一地，我很生氣，因為我喜歡乾淨；我很希望回家能看到你的房間乾淨，你也是乾乾淨淨的。你可以做到這要求嗎？」

孩子很怕父母板着臉，他會覺得父母是因為他而不高興。哪怕家長多年來都不習慣張開笑臉。為了孩子，可以重新來調整自己的表情，表情變了，心情慢慢也能跟着變好。家長可以看不到孩子的「錯誤」，只是看到孩子能力不足，那就知道如何幫助孩子。

有能量的説話

孩子知錯不改。可以回應：

💬「我看到你……」（觀察到的場景）

💬「我很……」（感受）

💬「我很希望……」（需求）

💬「你可以滿足我們這個要求嗎？」（請求）

07 孩子輸了比賽，心情沮喪

孩子在成長的過程中，對事物的認知，很大程度受父母的影響。父母是孩子的第一個老師，一個自己很要強，處處要爭勝負的家長，即使再怎麼安慰孩子「比賽輸了不重要，重要的是參與」，孩子都不會認可。孩子會說：「你們說的好聽，不過是安慰我，你們不也是要和別人比這比那的嗎？」所以，家長說「真心話」，比說一些好聽的、安慰人的話，鼓勵人的話都管用。

嘗試用委婉的措辭

一個女孩在學校的演出角色被另外一個明顯不如她的女孩所取代，女孩感到「很不舒服」；她向我講述整件事，包括在學校受到其他女生的欺負。在聽她講述時，我既氣憤又委屈；但在講述過程中，她都是帶着微笑講的，聲音輕柔。在差不多告一段落的時候，我告訴她我的情緒和感受；終於，她把微笑收起來，眼淚奪眶而出。這就是我們在心理諮詢中講的「同感共情」。

第7章・價值篇

219

家長可以感受到孩子的情緒，尤其是母親能體會孩子的感受，家長可以在措辭委婉的情況下去表達真實感受。孩子輸了，家長內心如果替孩子惋惜，可以直接說：「真的可惜啊！我們都準備了那麼長時間，下了功夫！不開心是不是？」可以一邊說一邊摸孩子的手臂表示安慰，家長也可以真實表達，但要顧及孩子的感受：「我都沒特別在意這個比賽，但我知道你很想贏，所以很不開心。」繼而家長可以關心孩子：「你希望我們怎麼安慰你呢？」

孩子的勝負觀，多來自家長

家長首先認清自己的情緒面貌，然後再去面對孩子的情緒有些家長問，我們需要教導孩子強烈的勝負心嗎？其實，孩子的勝負觀多來自家長。家長自己的勝負心較強，就會耳濡目染地傳給孩子。

孩子對待自己的態度，多是家長的態度投射的結果。孩子對自己的期待，也多是父母對孩子的期待。假如父母對待比賽持開放、輕鬆、大方的態度，孩子就不會太在意；假如父母內心很在意，嘴上卻說沒關係，孩子仍能體會到父母心裏的感受，他就會按照父母的真實感受來作為自己情緒的標準。所以，家長首先學會自我的內心覺察，認清自己的情緒面貌，然後再去面對孩子的情緒。

有能量的說話

孩子輸了比賽，心情沮喪。可以回應：

💬 當家長心裏在意時可以說：「真的是好可惜啊！好遺憾啊！我們都準備了那麼長時間，下了那麼多功夫，太可惜了！不開心是不是？」

💬 當家長心裏不在意時可以說：「我都沒特別在意這個比賽。但是我知道，你很希望能贏，所以你很不開心。這個我很理解。你希望我們怎麼安慰你呢？」

心理小知識

「同感共情」在心理諮詢中，泛指心理學家能夠準確體察來訪者的內心感受。指一種在理解的基礎上對他人的情感與動機等心情的認同，或是一種能夠體驗到別人的情感與心情的能力。同感共情力可以幫助父母在親子溝通中，站在孩子的角度去感受、體會、回應孩子所表達的情感和情緒體驗。

08 孩子表現慾強，喜歡直接指出別人的錯處

孩子喜歡直接指出別人的錯誤，在部分家長看來是孩子的「表現慾太強」。我問過一些孩子在指出別人錯誤的時候，是怎麼想的。孩子的回答各有不同，有些説：「我覺得他錯了，我就説出來，沒想甚麼啊！」還有些孩子説：「他做錯了，我要不説出來，他也不知道！」其實孩子指出別人的錯誤，都是很簡單的想法，和表現慾沒有大關係。

切不可隨意給孩子貼標籤

最了解孩子的，還是孩子的家長，因為家長會通過孩子的行為看到孩子的表現慾強。只是，家長也許不知道，自己對孩子的評價，也會帶有自己內心的投射，也就是家長覺得孩子這些行為就是表現慾強，因為家長會以成年人的經驗來揣測孩子。

家長在給孩子的行為下了定義後，就會疑惑孩子為甚麼會有強烈的表現慾。有些家長會説：「我們都不愛表現自己，都很低調的，這孩子跟誰啊？」甚至擔心孩子這樣強的表現慾，會影響其人際關係。有一個小學女生曾經被老師「針對」，以至於之後很長一段時間不自信；而這個「針對」學生的老師，就是以自己的眼光看待學生的行為，她對孩子標籤其實會給孩子造成不好的影響。

在父母面前表現出原則

一般而言，無論家庭環境是否優越，只要家長對孩子愛護有加，家教比較嚴格，通常孩子的自信會較高，表達也不需要拐彎抹角。事實上，孩子希望在父母面前表現出他很有原則，是一個優秀的個體，能夠讓父母滿意，並獲得讚揚。那如何讓父母知道他的優秀呢？評價別人就是一個很不錯的方式。同時，優越感又使孩子很少去考慮別人的感受，表達也就比較直接，就會喜歡指出別人的不是。

但是，不少父母不僅沒有想到要表揚孩子，反而會從中看到孩子的問題，這就會給孩子打擊，使他認為自己達不到父母的要求；孩子就會更加嚴格要求自己，甚至自暴自棄。家長需要審視一下自己的行為是否有上述的特徵。也要看一看自己是不是也喜歡評判別人，並在孩子面前經常評價他人。

善用鼓勵性語言

雖然怎麼做重要，但家長還是要學會和孩子講話。我們不斷重複的語言是帶有傾向性的引導，這個引導會帶來思維和行為的改變。好的、正面的、鼓勵的語言，會改善孩子的心理感受，正向改變孩子的思維與行為。其實，**孩子喜歡表現自己不一定是不好的，而孩子喜歡指出別人的缺點也未必不好**；這要辨證地來看。要看背景的情景，要看孩子表現的「度」。假如太過了，是需要家長幫助，幫助孩子去分析他行為的動機，並給予孩子多一些肯定的角度的。

另外，通過問話，通過找到孩子行為的正向意義，加以稱讚，再引導孩子可以多聽聽他人的想法，從不同的角度看待事物，讓孩子開闊眼界和思路。這樣，孩子的評判漸漸少了，就會接納許多和他的不同了。

有能量的說話

孩子表現慾強，喜歡直接指出別人的錯處。可以回應：

> 「我看到（聽說）你今天指出某同學的錯誤，你很坦率。坦率是美德。那你知道他的感受是怎樣的嗎？他願意接受嗎？」

> 「我看到你能經常找到別人的錯誤，看起來你對自己和別人的要求都很高，這一點很好，證明你很上進。」

> 「你是否問過其他同學是否也知道這些要求呢？同學可能有他自己的觀點，你們有沒有交流過呢？」

不同教養方式塑造不同孩子：

- 專制型父母：對孩子有要求、低回應。控制、懲罰、嚴格、冷漠，父母的話就是「法律」，要求孩子無條件服從，不能容忍不同意見的存在。專制型父母的孩子性格較內向，不太友好，經常在同伴中表現不自在。

- 放任型父母：對孩子沒有要求，但高回應。父母幾乎不對孩子提出要求，並且不認為自己對孩子的行為負責任，他們很少限制孩子的行為。放任型父母的孩子傾向於依賴和喜怒無常，他們的自我控制能力較低。

- 權威型父母：對孩子有要求、高回應。這類父母制定清晰且一致的規則限制。對孩子嚴格但深愛孩子，並給予情感的支持。權威型父母的孩子多表現為獨立、友好對待同伴、有主張而又具有合作精神。他們追求成就的動機很強，無論在與他人的關係還是自我情緒調節方面，均能有效調節自己。

- 忽視型父母：對孩子沒有要求、低回應。父母對孩子沒有興趣，伴有漠不關心、拒絕等行為。在感情上疏離兒童，視自己的角色僅僅為餵養。由於對孩子的介入較少，對孩子的情感發展產生了相當大的負面影響，導致他們感受不到被愛，阻礙了他們認知上的發展。

孩子做錯事，總愛找藉口推脫責任

在回應上述題目時，先想想「假如孩子做錯了事，不找藉口，直接承認，會是甚麼後果？」他或會被批評，這讓他相信「坦白並不從寬」；如果不是很嚴重的問題，他會被批評，不需要承擔太大責任，心裏卻不舒服；如果後果嚴重，嚴重到他無力承擔。無論哪種後果，這個孩子都不願、不敢、不能接受和面對。他無處可逃，唯有找藉口、不承認，這樣總會讓自己覺得好過一些。

重新理解孩子的行為

孩子做錯事，愛找藉口推脫責任，其實是他啟動了心理防禦機制，從而保住自尊；所以，從這個角度看，孩子做錯事找藉口，可以重新以下列角度去理解：

首先，説明孩子自己知道他做的是不對，並且他也知道甚麼是對甚麼是不對。他要讓不對的行為看起來是對，就要去找藉口。這説明孩子是有是非觀的，只是行為上沒有做到。

其次，説明孩子很想讓自己成為一個好孩子。説明孩子有一個向善向好的願望，做家長的都要成全孩子這樣良好的願望。況且，孩子做錯事這件事，或許不是孩子找藉口，而是以他的年齡、他的認知發展。再或者，事情的真相就如孩子自己

解釋的那樣，家長有沒有弄清楚事情的原委？是否願意給孩子一個澄清的機會呢？

對孩子多作包容

家長在學習如何培養孩子的同時，更需要注意自己採用的語言，不要冷嘲熱諷，而是真誠、包容地面對自己的孩子。對於年齡小的孩子，家長可以問孩子：「你在做甚麼？」，看看孩子怎樣去解釋他的行為。對於上了學的孩子，可以更直接：「你這麼做我認為是不對的。你自己怎麼看呢？」。這樣，既表明了家長的態度，同時又尊重了孩子的想法。孩子會有自己的解釋，我們暫且不要定義他在「找藉口」，先選擇相信孩子。

家長對孩子的情緒，多是由於家長在自身成長過程中，一直以來積累的問題導致的，也有來自家長自己的原生家庭沒有解決的衝突。所以，家長在學習如何培養孩子的同時，更需要關注自己的心理狀態。在孩子和家長對事件的討論中，孩子會學習成年人更成熟的思維，更有利於孩子思維的發展。

拋開對錯有利分析

每個生命都是趨利避害的，承認錯誤、承認責任會讓孩子覺得自己不夠好，這說明孩子是知道對錯的。這樣有是非觀的孩子，家長會看到嗎？如果能夠看到這一層，家長對待孩子推卸責任的態度就不一樣。

家長為了讓孩子放心，會說：「沒關係，你說實話，即使真的是你的錯，我們也不會責罰你，以後改了就行。」言外之意，還是你錯了，你要是不說實話，就是錯上加錯。而且這樣

的話語還隱藏着：「孩子你是不誠實的」、「 我不相信你沒有錯」這一層意思。聽到這些話，孩子當然是抗拒的。遇到這種情況，家長更好的態度是甚麼呢？當然也不是説「我相信你沒錯」、「我相信責任不在你」等。這麼説，也是不負責任的。如果家長這樣説了，久而久之，孩子就會自欺欺人地以為自己真的沒有責任了。

　　家長可以對孩子説：「我想，今天這件事一定事出有因。既然事情已經發生了，你願意説一説事情的經過嗎？」也許會聽到孩子回應：「媽媽，真的不賴我……」

　　這時媽媽就可以引導：「我們不去討論賴誰不賴誰，賴這個字不好。誰都有自己處理問題的方式，只是有的方式不是很好，媽媽可以和你一起探討，你願意嗎？」在孩子的成長路上，總會遇到這樣那樣的問題，孩子學會分析，辯證地看問題，就不會糾結對與錯。

有能量的說話

孩子做錯事，總愛找藉口推脫責任。可以回應：

💬 「我看到你做了那樣一個事情，能告訴我發生了甚麼嗎？是甚麼讓你覺得需要這樣做呢？」

💬 「這件事你這麼做，可以告訴媽媽你是怎麼想的嗎？我也有不同的觀點，想告訴你。」

💬 「你這麼做我認為是錯的，原因是……，你自己怎麼看呢？」

💬 「我很願意尊重你的道理。但我認為你的道理我不太能夠接受，原因是……」

心理小知識

積極心理學對於一個人的思維和行為有一個邏輯：我們的思維和行為假如分成正面和負面的話，當我們強調正面的思維和行為時，這個思維和行為就會被強化，你不斷地強調正面的思維和行為，它們就會通過量的積累，達到質的飛躍。對於孩子的引導也是如此。我們強調孩子思維和行為正面的一面，孩子就會順着正面去發展；反之，強調負面的，孩子的問題就會越來越負面。

10 如何教導孩子坦然接受批評？

有些年輕家長，並不想批評孩子，他們希望自己成長中遇到的不快經歷不會發生在孩子身上。可是，他們既擔心孩子會落後於人，也擔心被自己的家人批評。那最好的辦法就是自己先主動站在父母輩的角度，給孩子指導與批評。所以，批評孩子這件事，需要覺察我們批評的動機是甚麼，而不要用一種方法讓孩子坦然接受。

多以接納的態度來對孩子

每一個生命生來獨特，他們有自己的天性與特徵。你看雙胞胎，從出生那一刻，表現就不同。比如一個活躍，一個安靜；一個愛哭，一個愛笑；一個醒來自己玩，一個醒來就大哭找人。

在起初，是沒有誰覺得自己是好或不好的，孩子逐漸形成的自我意識，多是從撫養者那裏得來的，尤其是媽媽。每個孩子都希望自己被允許、被接納、被認可，甚至是被表揚；這樣孩子才會覺得自己是值得被愛的，值得擁有好東西。那麼孩子的安全感、自我價值感都會高。反之，家長的拒絕、指責、否認、批評等，會讓孩子覺得他不好，甚至很壞，不值得被愛。這也是近年中小學生自殺頻發的重要原因。

是引導，不是批評

　　有人願意接受批評嗎？顯然沒有，有人願意坦然接受批評嗎？我想更不會有。大人也不會做到坦然接受批評，怎麼會如此要求孩子呢？「己所不欲，勿施於人」意指人應當以對待自身的行為為參照物來對待他人。自己不喜歡，也不要給別人增添煩惱。這句話既是處理人際關係，其實也可以用於家長對待孩子的態度上。

　　家長可以引導孩子：「你這麼說（做）是不對的，這樣說（做）才是對的」。我們在和孩子的對話中，避免一些負面的詞，比如「錯誤」、「吵鬧」、「討厭」、「沒用」等，而最好用正面的詞代替，如「不對的」、「要安靜」、「不喜歡」、「要出息」等。如果需要描述孩子的不好行為，就在好的詞彙前面加一個「不」字。那給孩子的還是一個正向的概念，孩子會順着好的語言去成長。

11 孩子寄宿在別人家感到自卑

這裏需要先澄清一件事,就是寄住在別人家,和自卑感沒有直接的關係。在孩子心裏,本來是沒有高低貴賤之分,只有他喜歡或不喜歡,是否能一起玩。但是家長會將身份、地位、金錢加以比較。無論哪方面低,都容易產生自卑感,並把這種姿態傳給孩子。

覺得那裏是「別人家」

曾經有一個找我諮詢的男生,説自己有社交恐懼症。我問他為甚麼這樣定義自己,他説因為職場人際關係的問題、婚姻關係的問題、和母親關係的問題等,讓他自覺很失敗。當談到他小時最不愉快的時間,他説是在外婆家住的那些年,他覺得是他媽媽不要他,把他寄養在外婆家,他恨媽媽!8、9歲的男孩,正是淘氣的時候,和同樣住在外婆家的表姐相比,他覺得外婆歧視他,他也很痛恨外婆和表姐,他覺得在女性面前自卑。從心理學上看,孩子和母親關係的好壞,決定了他未來的人際關係,對於男生則影響他的婚姻關係。

在我的來訪者中，有些孩子從小寄住在公公婆婆家，不論從幾歲住到幾歲，幾乎沒有一個孩子覺得那個是自己親人的家，都覺得是住在別人家，哪怕老人再疼愛，孩子也會覺得這不是自己家。所以，不管孩子寄宿在誰家，父母都要清晰地給孩子講清楚，讓孩子了解大人之間的關係，孩子會在有連接和有保障的關係中獲得安全感。

自卑源於比較

對於孩子，家長先要教育的是如何讓孩子適應這個家庭的生活習慣。在寄宿的家庭中，要學會做一些家務，客居的心態不是自卑的心態，而是尊重主人、不給他人添麻煩的心態。另外，能夠幫助孩子保持自信一點是，家長在把孩子寄宿到別人家的時候，可以介紹一些自己孩子的長處和優點，比如「小明很愛運動」，再比如「琪琪很喜歡畫畫」等，家長當着孩子面前，向對方誇讚孩子，孩子會被鼓勵，但這個讚揚一定是正面的才行。這樣，孩子不僅可以從中找到自信，同時也會讓自己盡量去做到爸爸媽媽表揚的方面，將這種讚揚作為自己的動力。

事實上，自卑源於比較，家長不去比較，孩子就不會去比較。當孩子因為某種原因，要寄宿在別人家，家長可以感謝對方，但不必要覺得自己低人家一等，更不能讓孩子背負這樣的感受。

有能量的説話

孩子寄宿在別人家感到自卑。可以回應：

> 「爸爸媽媽因為一些原因（要很具體），你需要在某某家裏暫時住上一些日子，你可以每（幾）天和媽媽爸爸視頻通話或打電話。」

> 「在這個家裏，你要聽大人的話，和哥哥姐姐以及弟弟妹妹搞好關係。有甚麼開心的事可以和他們分享，也可以和爸爸媽媽分享；如果有甚麼不開心的事，也可以悄悄和爸爸媽媽講。爸爸媽媽雖然不在你身邊，但我們會很關心你的每一天的。」

> 「爸爸媽媽只是暫時不在你身邊，但我們心裏面是每天都關注你的，你在這個家開心的，等爸爸媽媽回來講給我們聽你故事。」

**心理
小知識**

孩子在別人家表現拘束，如果只是適量，也是一件好事，説明孩子有很清晰的「人際界限」，在這個人際界限的約束下，孩子可以變得更懂事、更成熟、更有分寸；同時，也可以借此機會讓孩子學習自立生活。

家長自覺做錯，怎麼向孩子道歉？

現在做家長實在不容易，小小的孩子已經知道評判家長的是非。許多時，家長還沒有反應過來自己哪裏出錯，孩子已經指出來了。家長在孩子的「金睛火眼」下，變得小心謹慎，生怕自己哪裏做得不對。這樣的家長和強勢的家長正好相反，在孩子面前過於強調尊重孩子的意願。但家長忽略了孩子在認知能力等還未發育完全，他很需要父母給予引導、決策等。

態度需要明確

在諮詢個案中，我看到家長在孩子面前謹言慎語，一邊想說孩子的問題，一邊又擔心孩子不接受。再看孩子，在回答老師的提問時，都會先看一眼父母。你會看到家長和孩子彼此的在意與關注。孩子很希望家長的態度是明確的，即使是堅決的禁止。這樣的互動是不順暢的。家長希望尊重孩子的想法，給予孩子自由的空間。但這樣反而讓孩子無從選擇，哪怕是高中時期的孩子，依舊也會覺得自己沒有能力。

所以，家長不需要給予孩子太多的選擇，因為以孩子對外部世界的認知，他還不足以了解世間萬物。家長可以在自己認知範圍內給予孩子引導，更要重視孩子提出的想法。孩子在成長過程中，家長需要在認知能力、人格成長、習慣品行上給予明確的引導。

第 7 章 · 價值篇

235

家長不是萬能的

每個家長都有第一次當家長的時候。家長無論怎樣做，都不可能有十全十美的結果，只能是在當時的那一刻，做了我們能做到的最好。況且，在孩子心目中家長沒有做錯的，只有孩子覺得委屈的。孩子在意的是家長對待自己的態度，而沒有覺得家長做的甚麼是錯的。所以，家長如果覺得自己甚麼地方做錯了，去問問孩子：「媽媽這件事是不是做錯了？」、「媽媽是不是讓你覺得委屈了？」孩子通常都會說：「媽媽你沒做錯，就是你講話的態度好一點就行了。」孩子是很容易原諒媽媽的。

做有主見但聽話的家長

當家長覺得自己做錯了，或者說錯了話，如果孩子沒有反應過來，只是家長自己的感覺。假如媽媽覺得自己錯了，孩子也說：「媽媽你對不起我，你錯了，你要向我道歉！」這時候有些媽媽會「笑場」，孩子會更加憤怒。這時候，媽媽需要很嚴肅地道歉：「對不起，媽媽做得不對，媽媽向你道歉！」接着，可以問孩子：「你希望媽媽怎麼做才是對的？媽媽願意尊重你的想法。」

其實，在孩子心目中，孩子很希望爸爸媽媽能夠有主見，而不願聽「那你想怎麼樣啊」。孩子希望自己的父母自信、有主見、有對事物很清晰的看法，有對孩子很明確的要求，同時又態度平靜與溫和，並且在孩子需要被尊重的時候予以尊重。做家長不易，家長需要學習做一個「聽話」的家長。所謂的「聽話」，就是家長要會聽孩子在「說甚麼」，孩子是「怎麼說」的，孩子為甚麼「這麼說」。各位家長可以試試。

有能量的説話

家長自覺做錯，怎麼向孩子道歉？可以回應：

💬「對不起，媽媽做得不對（這個時候也不能説「錯」這個字），媽媽向你道歉！」

💬「你希望媽媽怎麼做才對呢？媽媽願意尊重你的想法。」

💬「媽媽也有做得不對的地方，因為媽媽也還在學習和成長。」

💬「媽媽希望你可以提出你的看法，因為媽媽需要解你的想法。」

💬「是不是我們可以在這件事情總結出一些值得重視的觀點呢？」

第 **8** 章

溝通篇

當家長改變說話的方式，
孩子的問題便迎刃而解。

01 孩子走失找回後，家長如何教育？

有些家長問：「和孩子一起出門，孩子走失找回後，家長如何克制自己的焦慮，教育孩子，讓孩子記住這些事不能再發生了呢？」這時，家長切忌做的就是教育孩子，而是表達自己對孩子找回的放心，問候孩子是否還好。

孩子最怕家長情緒失控

家長可以表達激動的情緒，但需要適當克制，並注意選擇用語用詞。比如「謝天謝地，終於看到你了！媽媽都擔心死了！怎麼樣？你還好吧？」這樣的話語既表達了自己的擔憂和重逢的喜悅，同時又在第一時間讓孩子覺得被原諒、被關心、被包容，孩子獲得了足夠的安全感，媽媽沒有斥責，內心自然安穩。

待孩子平靜之後，家長才開始問孩子走開的想法是甚麼，並適時教育和提醒孩子。這時孩子容易聽話，家長的教育才會有效。孩子最大的恐懼就是家長的情緒失控，他覺得一個情緒失控的父母會隨時將他拋棄。所以，家長宜在孩子經歷過走失的事件後，能夠在父母的「港灣」中復原，對孩子來講是一個幸福的事情。

按孩子的能力給予關愛

家長害怕給孩子太多的關愛和保護後，孩子會依賴父母。這個擔心是家長擔心自己的不能承擔，是家長對未來的恐懼。有媽媽問：「如果我給了孩子足夠的安全感，孩子從此依賴上我怎麼辦？」

孩子上小學、初中的時候就不應該被要求自立，家長這樣早要求孩子獨立，會把孩子嚇倒。況且，作為家長，在孩子還談不上獨立的年紀和他談獨立，可能會超出孩子本身的能力範圍。家長在孩子不同的年齡階段給予他發展能力的機會，同時保證孩子能力不足時給予支持，才能讓孩子在甚麼年齡做甚麼事。孩子在小時候，獲得足夠的安全感，心無旁騖地把自己的「小翅膀」鍛煉成長，長大後才可以「展翅高飛」。

有能量的説話

孩子走失找回後，家長如何教育？可以回應：

> 「謝天謝地，終於看到你了！媽媽擔心死了！你還好吧？」

心理小知識

著名教育家蒙特梭利曾經説過：「我們對兒童所做的一切，都會開花結果，不僅影響他的一生，也決定他的一生。」父母的情緒穩定，會帶給孩子一生的安全感和幸福感。要知道，孩子最大的恐懼就是家長的情緒失控，而家長的極端情緒比擬為「情緒的暴風雨」。孩子的情感、身體和認知都處在幼苗階段，更是對父母的暴風情緒承擔不起的。

夫妻發生爭執被孩子碰見，如何解釋？

家庭理論中，家庭關係的核心是夫妻關係。但在現實生活中，多數的夫妻關係都會有些不和諧。沒有絕對好的夫妻關係，也沒有絕對好的親子關係。許多時，我們過於看重夫妻關係對親子關係的影響，當我們的擔心大於現實正常的現象時，其實是我們內心的焦慮造成的影響大於事件本身的影響。

別把孩子捲入「戰場」中

夫妻間的爭執帶來的孩子問題，大多是在夫妻雙方的爭鬥中，其中「弱勢」的一方會拉孩子當「墊背」，把孩子捲入夫妻的「戰場」，這就是所謂家庭三角關係的傾斜，使家庭關係「界限不清」。

有一個上中學的女孩有一天對母親說：「我不覺得我是女孩，我覺得我是男孩，我喜歡我們班一個女生了。我不是同性戀，我只是性別生錯了。」原來這個女孩子在 3、4 歲的時候，看到父親動手打媽媽，而嚮往自己是個男人，長大了幫媽媽打爸爸，這是孩子主動想幫媽媽。因為每個孩子都是忠於父母的，尤其是生他養他，曾經臍帶相連的媽媽。

及時處理孩子的心理緊張

　　夫妻雙方不和還是要爭執、打架。怎麼辦呢？不想殃及孩子，卻不幸被孩子碰到。雙方都愛孩子還好辦，此時停手，輕描淡寫地說：「沒事，媽媽和爸爸對於一些事的看法不一樣，是不是吵到你了？」然後對孩子一笑，孩子不覺得是甚麼大不了的事。假如一方很激動地對着對方嚷：「你看，都把孩子嚇倒了！」這時孩子基本上就會配合這個場景大哭起來。

　　人在爭執時很少能情緒冷靜，但假如其中有一方可以做到控制情緒，那在遇到爭執被孩子碰見，可以先「退一步海闊天空」對孩子說：「沒事，媽媽和爸爸有些意見不合，大人通常都會有自己的堅持，我們都不讓着對方。」然後，離開和對方對峙的區域，再解釋：「爸爸媽媽是在解決我們的事，有沒有讓你覺得心裏不好受呢？」及時處理孩子的心理緊張。在家庭的親子關係中，最要不得的是家長的情緒崩潰和家長的過度焦慮。

有能量的説話

夫妻發生爭執時被孩子碰見,如何解釋?可以回應:

> 「沒事,媽媽和爸爸對於一些事的看法不一樣,是不是吵到你了?抱歉啊!我們細聲點。」

> 「媽媽很關心你的感受,爸爸和媽媽在爭論的時候,你的感受是甚麼呢?」

心理小知識

家庭關係本來是分為:夫妻關係、父子(女)關係、母子(女)關係的,現在可以加一個「子女間關係」。假如我們把關係的界限分得清楚為「我和你」、「你和他」、「我和他」這三種線性關係,每個關係之外的人,不要介入這個關係中,各自的互動,其他人不要干涉。但我們始終是彼此牽連的,總要因各種連接去參與其他與我們相關的人際關係中,於是家長有爭執,把孩子拉上作為「幫手」的情況比比皆是,就造成了家庭三角關係的傾斜,使家庭矛盾更加複雜。

03 孩子要離家出走

家長和孩子的關係實在很微妙，孩子隨着年齡的增長和獨立意識的增強，想脫離父母控制的願望也變得強烈，經常會冒出離家出走的念頭。但是，父母真要讓孩子獨立的時候，他又依賴父母，既擔心自己沒有能力自立，也擔心父母就讓他離開家了，孩子就是在這種矛盾中長大，也慢慢調整着與父母的依戀關係。

是父母關係造成的後果

我們在做家庭治療的時候，每問起孩子希望甚麼樣的家、甚麼樣的父母時，孩子的回答都出乎父母的意料。有一初中女孩說：「我想我媽別黏着我，每天放學我媽都來接我，不讓我和同學玩，其實我能自己回家。」媽媽聽後吃驚：「我接你接出毛病啦？我那不是為你好嘛！」這時女兒氣壞了：「你別說謊了，你自己說說，我甚麼時候不安全？還不是你自己說爸爸不在家，讓我陪着你，省得你一個人孤單……」這時候，媽媽居然笑了，抱着女兒撒嬌說：「我就是要黏着你，我就是要黏着你。」

由此，可以看到，是媽媽希望孩子替代那個「拋下」她的丈夫；可是孩子終究不是丈夫，她是一個希望自己能夠有正常關係的父母，希望自己有獨立的空間。但孩子又不忍心拋下母親，於是就很矛盾，不知如何應對，就揚言要「離家出走」，媽媽害怕了，才帶着孩子來諮詢，看孩子有甚麼問題。

用孩子接受的語言來對話

在孩子想「拋棄」家庭的背後，其實是渴望一個輕鬆的和美好的家庭關係，孩子希望父母彼此親近，並認為家長的關係親近了，多了互動，就給自己多一些「喘息」的空間，就會想着讀書和做功課都不用家長來督促。即使孩子自己覺得不夠好，也會想辦法補救，比如可以找同學和老師，孩子認為自己不是對學習沒有興趣，而是對「為家長學習」沒有動力。孩子要的是爸爸媽媽能多給他一些認可和鼓勵，而不是批評。

在諮詢中，我會促成父母和孩子的對話，讓孩子可以大膽地看着父母的眼睛；然後，把他們的心聲和願望講給父母聽。而父母也會學習使用孩子接受的語言來對話，其效果通常是良好的；孩子和父母的關係會變好、會更親熱，就會願意和父母交流，也不會再用「我要離家出走」等類似的威脅性的語言了。

有能量的說話

孩子要離家出走。可以回應：

> 「爸爸媽媽不希望你說離家出走這樣的話，這些話讓我們很傷心。因為我們很愛你，希望給你一個你喜歡的家。」

> 「如果是留在你喜歡的家，你希望這個家是甚麼樣子的呢？你希望爸爸媽媽怎麼做？」

> 「你願意和爸爸媽媽一起營造一個你喜歡的家嗎？我們一起努力好不好？」

第 8 章 ● 溝通篇

247

孩子一逛街就吵着買玩具

面對孩子一逛街就吵着要買玩具，家長不妨回想一下：第一，孩子是從甚麼時候開始就這樣？第二，他第一次要東西是跟誰要的？第三，他要的玩具都是甚麼樣的？有沒有可以歸類的呢？問完三個問題，家長能否都回答得出來呢？如果都能回答出來，說明有些家長或許已經找出了答案。

玩具是依戀關係的替代

玩具在孩子的眼中，是依戀關係的一種替代物。曾有一名心理學家分享，兒子要過 3 歲生日，他準備買個玩具熊，雖然是男孩，但媽媽經常不在身邊，可以讓毛茸茸的玩具給孩子一個溫暖的陪伴。20 世紀 50 年代末，美國心理學家哈利·哈洛曾做過著名的「恆河猴實驗」。恆河猴的實驗，證實了人類同樣的現實：孩子成長的早期需要充足依戀關係的滋養，需要在早期的依戀關係中得到滿足，當這種滿足無法達成時，孩子就需要其他的東西來「填補依戀的空隙」了。

現在的家長，尤其是母親在孩子年齡尚幼小的時候，就「撇」下孩子去工作。孩子需要媽媽柔軟的身體，以獲得安全感和良好依戀關係的滿足。當這些需要得不到滿足，他會本能地去尋找替代性的「客體」，父母買的玩具也是這個客體重要

的組成部分。玩具，看得見、摸得着，有實際遊戲的意義，重要的是「誰」買的。你會看到孩子拿着玩具向小朋友「顯威」：「這是我媽媽（爸爸）給我買的！」所以說，孩子一逛街就要買玩具這件事，其背後不只是買玩具這麼簡單。

每個孩子都想得到滿足

孩子要玩具，以下有兩個很重要的原因：

（1）孩子的需求從未被真正滿足過。或許是物質層面的需求，或許是心理層面的需求，也就是上面說的依戀，還有關注。有些家長是孩子要甚麼玩具都會買，但孩子玩了一會兒便把玩具扔掉，繼續發脾氣。是甚麼原因呢？就是因為孩子在玩具中得不到情感的滿足。

（2）孩子只要一開口要東西家長就給，久而久之，孩子會養成習慣。家長總覺得只要孩子要的東西就去買，以買東西替代陪伴和關愛。而孩子會在買東西這件事上不斷在試探家長的「底線」——你到底愛不愛我？你還愛我嗎？你還重視我嗎？

孩子都擔心父母會忽略他，尤其是二胎家庭中，大寶這種心理會更鮮明。孩子要家長給他買東西，也是提醒家長「要看到我」、「要關注我」、「要滿足我」、「要愛我」等。如果家長覺得孩子要的玩具並不是孩子特別想要的，可以問他：「假如不是買這個玩具，而是要爸爸媽媽給你其他的東西來代替，你想要甚麼呢？」聽一聽孩子怎麼回答。

有能量的説話

孩子一逛街就吵着買玩具。可以回應：

💬 「假如不是買這個玩具，而是要爸爸媽媽給你其他的東西來代替，你想要甚麼呢？」

**心理
小知識**

心理學家哈洛和他的團隊做了一個「恆河猴實驗」，就是把一隻剛出生的嬰猴放進一個隔離的籠子中養育，並用兩個假猴子替代真母猴；這兩個替代的母猴分別是由鐵絲和絨布做的，實驗者在「鐵絲母猴」胸前安裝了一個可以提供奶水的橡皮奶頭。按哈洛的説法就是「一個是柔軟、溫暖的母親；一個是有着無限耐心、可以 24 小時提供奶水的母親。」

剛開始，嬰猴多圍着「鐵絲母猴」，但沒過幾天，令人驚訝的事情發生了：嬰猴只在饑餓時才到「鐵絲母猴」那裏喝幾口奶水，其他時間都是與「絨布母猴」一起；嬰猴在遭到不熟悉的物體，如一隻木製大蜘蛛的威脅時，會跑到「絨布母猴」身邊並緊緊抱住它，似乎「絨布母猴」會給嬰猴更多的安全感。哈洛的實驗指出，「愛存在 3 個變量，即觸摸、運動、玩耍。如果你能提供這 3 個變量，那就能滿足一個靈長類動物的全部需要。」

(05) 發現孩子翻父母的錢包

對於孩子翻父母的錢包，家長不是擔心錢不見了，只是擔心孩子學壞，大可不必如此擔心，孩子的學「壞」是許多原因導致的。我孩子小的時候也翻過我的錢包，但我沒有責罵，只是問他為甚麼要翻大人的錢包？「如果需要錢，可以和父母講，但翻錢包就是不好。」這樣說，孩子的心情會從害怕到不好意思，再到感激父母，可能會決心做一個好孩子。

不被允許的行為卻有吸引力

孩子本身對金錢沒有概念，也不需要有概念，而孩子上小學後，有了獨立的空間和時間，有了獨立的意識想要自己支配金錢去買想要的東西。這時家長開始給孩子零用錢。當孩子有了特殊的需求，又不好意思或不敢向父母開口，就會想到「偷」父母的錢。當一個行為不被允許的時候，就有着相當的吸引力。

大人對孩子沒有約束，孩子和大人之間沒有界限，甚至讓孩子成為家庭的中心，不僅和大人平起平坐，甚至可能成了這個家庭的支配者。父母可以彼此翻錢包，或者父母共用家中的錢，孩子會覺得：「我怎麼就要被限制呢？我和你們都平等對話，怎麼不能和你們共用家中的錢呢？」

　　家長如果看見孩子翻錢包，不用隱藏自己的吃驚，可以用語言表達：「咦？你在翻錢包？是想要錢不敢和爸媽講嗎？你這麼不信任爸爸媽媽，我們好難過哦！」這樣説，孩子會從吃驚跳出來，回到平靜的心態，他可以確認自己是被父母包容。最重要是，家長不要嚇孩子，更不要説「小偷」、「壞孩子」等，孩子的心靈和真與善的本質是需要好好呵護的。

有能量的説話

發現孩子翻父母的錢包。可以回應：

💬 「咦？你在翻錢包？是想要錢不敢和爸媽講嗎？你這麼不信任爸爸媽媽，我們好難過！」

💬 「假如你拿了錢我們不知道，可能我們會懷疑被其他人拿了，這樣容易冤枉別人。」

06 孩子被人數落，要維護孩子嗎？

聚會上，孩子們追追跑跑，大人覺得被打擾、破壞了某東西；這時會有大人出來斥責孩子。家長的做法大多是讓孩子趕緊道歉，自己也趕緊站出來批評孩子，以免被人覺得沒有教好孩子，而為了避免事態擴大，趕緊離開現場。其實家長也覺得委屈，孩子並非故意搞破壞，只是不小心。自己的孩子自己心疼，父母要維護孩子嗎？

別把孩子丟在大人的世界不管

孩子的心智還在發育階段，應對能力還不足以和大人匹敵，何況一般較易在聚會被大人數落的，多是年紀大一點的；而家長是孩子的監護人，監護作用不只是監護孩子能否健康成長，更要監護孩子不受傷害。大人的斥責和數落會讓孩子害怕，有時孩子會遭遇一次心理恐懼，很多年以後，仍會留有陰影，甚至延續幾十年，這是大人無法理解和想像的。

當孩子受到數落，無論情況嚴重或不嚴重，對於孩子來說都是嚴重的。如果孩子處理不好，還會把事態擴大，造成更大的困擾。這個時候，家長一定要站在孩子那邊，要做孩子最堅強的後盾。做這個後盾，不是要家長袒護孩子，更不是讓家長去和人家吵架，而是讓家長負起擔當的責任，去承擔對孩子的保護和教育。

必先保護孩子的心理安全

　　無論何時何地，當孩子遭到大人的數落，家長首先走去孩子的身邊，可以摟着孩子的肩膀、給孩子一個安全的臂彎；同時向對方表明自己是孩子的家長，可以說：「我是孩子家長，不論孩子做了甚麼，我先向你道歉。是我們沒有提前提醒孩子，是我們家長的疏忽。」注意，先不急於了解究竟發生了甚麼；而是先擺明態度 ——「孩子的事由我們大人接手，有甚麼事找我們家長。」

　　一般情況下大人對孩子的數落，周圍會有圍觀的人，假如對方誇大其辭或者不依不饒，家長可以求證周圍的圍觀人。總之，無論家長心裏有多煩，此時首先要深吸一口氣，告訴自己：「我是家長，我愛孩子；我是家長，我愛孩子；我是家長，我愛孩子」之後，再勇敢地出面。

有能量的說話

孩子被大人數落，父母要維護孩子嗎？可以回應：

對大人說：

> 「抱歉我的孩子給你帶來困擾，我向你道歉！能讓我和孩子單獨聊聊嗎？謝謝了！」

單獨對孩子說：

> 「能告訴我剛才發生了甚麼嗎？」

> 「這件事情發生了，媽媽不責怪你，只是媽媽想知道怎麼發生的，我們以後學會盡量避免。」

> 如果覺得孩子能接受，家長可以摸摸孩子的頭，蹲下來對孩子說：「媽媽知道你很不好受，沒關係，有媽媽在。來，先和阿姨說聲對不起！」

心理小知識

家長需要勇敢的，因為有了勇氣才可去面對衝突。雖然家長內心也有脆弱的「小孩」，但在成為父母後，要和孩子一起成長；但家長內心的小孩再小，至少也要比真正的小孩有一個更大的身體。

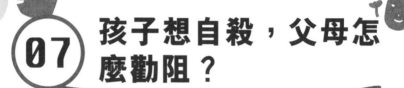

07 孩子想自殺，父母怎麼勸阻？

有一個心理學家說過，他曾成功幫助一個想自殺的孩子放棄自殺的念頭，回歸到正常的生活的軌跡；起因是心理學家做輔導時，看到一個孩子神情恍惚，與人隔離，眼光迴避。「總之，我就是看着這個孩子不對勁！」於是，心理學家及時聯繫班主任，找了這個同學談話；果然，這個孩子已經寫了遺書，正準備在這一天實施他的跳樓計劃，幸而被及時發現。

讓孩子的情緒被接納

有些家長對孩子要求嚴苛，有些家長對孩子期望很高，有些家長對孩子不信任等，都會造成孩子對自己的懷疑。孩子會懷疑自己的智力、能力，甚至懷疑自己是否父母親生的。尤其是青春期的孩子，會出現不能自我控制的情緒波動和青春期躁動；不論與同伴、與父母、與老師的關係都會評判多於順從。

當孩子的情緒被父母接納，可以順暢地表達，孩子就會順利度過這個時期。如果孩子經常被批評、被指責、被質疑、被打擊，甚至被暴力；那麼，內因通過外因而起的作用就有可能是極端的，比如自傷、自殺，甚至傷害他人等。

每年兩次上演割腕一幕

我接過一個年紀大一點的孩子的自殺案例。孩子從初中到大學，每當考試之前就會割脈自殘，但每次都是很淺的劃傷，最多滲出一些血。但每次對於父母都是如臨大敵，母親哭、父親急，孩子無力不語；但最終，孩子還是要參加考試，只是成功地讓父母不要問成績，不要問排名。

當我了解到這些，我告訴孩子父親，孩子其實是在用這個行為告訴父母：「別逼我非要考出甚麼好成績，你們要是再逼我，今天我只是劃傷，明天我就真的自殺了！」奇怪的是，這個孩子從初中到大學，每年如此，每年兩次上演這一幕，而家長從來沒有好好和孩子談一談。

當我給孩子的父親進行了一系列分析，父親決定回去和孩子好好談談，我們進行了談話的演練。父親打算回去說：「孩子，每年看到你都這麼痛苦地把自己劃傷，我和你媽很心疼。其實，我們都希望你輕鬆快樂地生活，只是我們一直不知道怎麼能給你想要的輕鬆和快樂，是我們太粗心了。我和你媽媽希望你以後能夠想說甚麼就說甚麼，我和你媽都會好好聽你講，我們也希望你能好好對待自己，可以嗎？」

之後的故事相信大家也能想像得出來，這個孩子沒有再自傷了。

負面行為是在向父母尋關注

孩子總把「我要自殺」掛在嘴邊，長此以往，語言會帶來情緒的變化，語言會促使行動的實施。而且，孩子的一些負面語言或行為，其實是在向父母「尋求關注」；由於正面行為沒有被父母「看到」，孩子的情緒沒有被父母及時關注，孩子不喜歡被父母忽略，會找機會刺激父母，比如打架、說髒話，甚至自傷等，都是在告訴父母「你要重視我」、「你要重視我」、「你要重視我」。

無論遇到孩子的哪種極端行為，家長都可以說：「我知道我們以前對你的關注沒有讓你覺得滿意，但爸爸媽媽內心是非常愛你，也希望你可以感覺到。」繼而再說：「假如你不說想自殺，你想對我們說甚麼呢？我們很願意傾聽。」無論之前父母和孩子之間有多少不愉快，孩子都願意「原諒」父母的；無論在孩子的哪個階段，只要父母意識到和孩子之間有溝通問題，並加以改善，孩子的問題也會得到解決的。

有能量的說話

孩子想自殺，父母應該怎麼勸？可以回應：

 「爸爸媽媽非常愛你，看到你不開心，我們很難過。聽到你這麼說，我們更難過，能告訴我們你希望我們怎麼做嗎？」

在心理學對自殺的診斷中，針對想自殺的人，如果不是突發自殺，那就要看他是否有實施計劃，包括具體的時間、地點、方式等。以下是一份專業的自殺評分標準：

1. 絕望感（+3）
2. 近期負面生活事件（+1）
3. 被害妄想或有被害內容的幻聽（+1）
4. 情緒低落 / 興趣喪失 / 愉快感缺乏（+3）
5. 人際和社會功能退縮（+1）
6. 言語流露自殺意圖（+1）
7. 計劃採取自殺行動（+3）
8. 自殺家族史（+1）
9. 近期親人死亡或重要的親密關係喪失（+3）
10. 精神病史（+1）
11. 鰥夫 / 寡婦（+1）
12. 自殺未遂史（+3）
13. 社會經濟地位低下（+1）
14. 飲酒史或酒精濫用（+1）
15. 罹患晚期疾病（+1）

根據上述 15 個題目量表根據加分規則得出總分，分數愈高代表自殺的風險愈高。≤5 分為低自殺風險；6~8 分為中自殺風險；9~11 分為高自殺風險；12 分為極高自殺風險。

第 8 章 ‧ 溝通篇

08 孩子交了壞朋友，逃學打機

孩子交了壞朋友，以至逃學打機，會讓家長煩心和擔心。但逃學打機未必是結識壞朋友的結果，而交了壞朋友也不一定是會去逃學打機的。交朋友這件事，本來是孩子天生的能力；但如果加入了家長對孩子的控制，孩子可能會反其道而行。那這種交友，既不利孩子的人際關係，反而會因為和家長賭氣，交到壞朋友。

交流模式要注意

為了避免孩子的反抗心理，家長在和孩子交流時，需要注意以下幾點：

（1）家長多給予孩子關注。我曾在電梯裏遇到一個女孩和爸爸說話，女孩說了多次，爸爸都沒有回應，我細聲對爸爸說：「孩子跟你說了那麼多，你該回應她。」這個爸爸看了我一眼，開始回應女兒了，女兒馬上開心地笑，並把小手放進了爸爸的手中。所以，父母要學會適當地給予孩子關注，回應孩子的語言和行為。

父母如果對孩子的交流願望不回應，甚至是忽略，孩子會覺得自己不值得父母的關注，自己的言語可能讓父母不接受、不喜歡，孩子會懷疑自己的能力，也會覺得父母不愛自己，久而久之造成孩子的不自信。

（2）學習如何講話。父母如果覺得孩子交的朋友不好，也不要先否定，因為家長對其他孩子了解的是表面。家長和孩子看問題的角度不一樣，只有和孩子耐心地交流，才會了解更多的資訊，才能判斷孩子的行為正確與否。

理性分析，正向激勵

如果孩子和壞孩子交朋友了。家長可以想想，你的這個「壞」印象是從哪裏來，可以理性地分析。然後問問孩子：「我看你最近和某朋友很要好，那某朋友的哪些方面讓你看重呢？」孩子的回答可能很籠統，比如：「他很聰明！」那家長可以和孩子深入一些澄清「你能講講他怎麼聰明嗎？」。

很多孩子都喜歡長得好看的同學，那家長可以針對孩子說喜歡某同學，說那個同學長得好看，繼續在問話中引導孩子：「你和某同學交朋友是因為這個同學好看啊！那你覺得這個同學哪裏好看呢？」孩子可能說：「同學的眼睛、嘴巴都好看。」家長繼續問：「哦？這個同學的眼睛會帶給你甚麼樣的感受呢？是讓你覺得很熱情，還是甚麼？」如果孩子描述了具體的感受，家長可以引導說：「我了解了，你是從這個同學的眼中看到熱情，說明你喜歡熱情的人是吧？」

孩子交朋友的動機通常都很單純，孩子自己也會有辨別和鑑別的能力，要相信自己的孩子，這也意味家長要相信自己。假如家長自己都不自信，那麼通常也不會相信自己有一個很好的孩子。家長自己在哪裏不自信，就會將這個不自信投射到孩子身上。當家長明白了這一點，才不會輕易地給孩子「貼標籤」，才會帶着好奇，多和孩子交流，多去了解孩子的想法。

有能量的説話

孩子交到壞朋友，逃學打機。可以回應：

> 「媽媽非常不願意看到你不去上學還去打機，但我想了解事情是怎麼發生的，是甚麼讓你做了那樣的決定呢？」

> 「媽媽看到你和某朋友在一起的時候不學習，媽媽希望你有好朋友，但是媽媽更希望你和好朋友在一起互相督促上進。」

> 「我看你最近和某朋友很要好，朋友需要能幫助彼此更好，那某朋友的哪些方面讓你看重呢？」

> 「我想，你們一定不願意落在其他人後面的。所以，你可以幫幫他讓他和你一起學習嗎？你們一起進步，怎麼樣？」

心理小知識

從心理學投射認同的角度，孩子交的朋友，多體現他的互補性人格。即使孩子找到的朋友和他自己很像，也是孩子在內心覺得需要有同質的夥伴讓他覺得他不是孤單的，是從另一個朋友那裏找到的自我認同，彌補他的不自信。那個朋友可以起到他自我認同的「加持」作用。

09 家長如何應對孩子「走堂」？

孩子逃學，他自己內心一定不會淡定，一定是擔驚受怕，擔心老師的批評、告狀再被父母訓斥，甚至還會招致一頓痛打。只有很小的孩子不知逃學意味着甚麼，他或許是被誘惑，然後不計後果地跟着跑了，玩得開心，回來卻遭到一頓訓斥。那麼家長如何應對孩子「走堂」這件事上呢？

情緒會刺激孩子的反應

家長知道孩子逃學時，幾乎都會很疑惑不解。「孩子為甚麼會逃學？」繼而，家長就會由疑惑轉為擔心，又由擔心轉為憤怒。然後，在見到孩子的第一時間，就爆發了積累的「疑惑＋擔心＋憤怒＋……」的情緒，冒出一連串的質問：「為甚麼逃學？你知不知道我們都擔心死了！你怎麼這麼不懂事！」

在家長激烈的情緒爆發下，孩子通常會表現得「大義凜然」，拒絕回答。但家長不了解的是，孩子在此時知道事情的嚴重性或者面對家長和老師的斥責下，他的大腦瞬間就會處於「死機」的狀態，也就是心理學的「應激反應」中，而應激最初的反應，就是「木僵」狀態。這時孩子的思維是混亂的，即使有些孩子看似鎮定，但他內心的緊張感、壓迫感也是存在的。

第 8 章 · 溝通篇

263

家長在得知孩子逃學之後，宜盡量讓自己鎮定，不要急於問孩子話，而是先緩解自己的情緒，安慰一下自己：「至少，孩子安全回來了。」我們可以先深呼吸幾次，直至心情平復一些。

之後的溝通，家長首先不要用「逃學」二字去描述和定義孩子沒有上學的行為，而是盡量用平和的語氣告訴孩子「我們找不到你很擔心，擔心你的安全問題。」在心理學中，語言是有暗示作用的，也許家長一句無意識的「你為甚麼逃學？」脫口而出，孩子就被「逃學」的概念「催眠」，以後在類似的狀態下真就可能會再「逃學」。

不去上學，有他的期待

孩子的行為一定是有他的原因的。我們依舊從積極心理學的角度來看待孩子不去上學的原因：孩子有他自己的期待和願望，哪怕是被其他人帶動而沒去上學校，在他看中的那個人身上有吸引他的地方。比如是一個要好的同學帶他不上學，如果說那個同學說可以讓他得到甚麼東西，那也是孩子渴望得到而沒有得到的。

當孩子的願望沒有被父母正視，沒有很好的激勵機制來實現孩子願望的滿足時，他就會自己去想辦法。家長需要經常關注孩子希望甚麼、和誰交往、交往的孩子或大人是甚麼樣的，才能及時給予孩子期待的反饋。但其實，孩子尤其是年齡小的孩子，更多的需要，是父母溫柔的陪伴與傾聽、適度的關注和幫助以及表揚與獎勵。

有能量的説話

家長如何應對孩子逃學？可以回應：

💬 「今天，你沒有正常地上學，我想你一定有你的原因。」

💬 「能告訴我今天為甚麼不想去學校嗎？我們不知道原因，怎麼去諒解你呢？」

💬 「爸爸媽媽知道你一定有你的原因，我們很願意傾聽你的需要，幫助你的。」

💬 「如果你想和爸爸媽媽講一講今天的經過，那就晚一些，我們出去散步的時候談談吧！」

心理小知識

「飯前不訓子」是有生理和心理學理論基礎的。心情會影響食慾，胃部疾病在心身症上主要是情緒而至；孩子因為受批評或擔心批評，而導致食慾不振，影響身體發育，並且也會造成孩子以後一緊張就會在胃部出現問題的情況。

10 發現孩子被異性摸了私隱部位

無論社會如何呼籲和重視，還是屢有侵犯兒童的事情發生，防不勝防。在身體安全，尤其是私隱部位的安全上，不僅是女孩，男孩也同樣應該重視。家長在希望孩子身體安全的基礎上，更希望孩子成長為自尊、自愛、自信、自立的人，希望幫助孩子塑造一個健全的人格和健康的身心，未來可以安全、健康、自立，有好的婚姻，有一定的社會地位等。

家長避免情緒失控

一般而言，就孩子遭到私隱部位觸摸這件事，不只是孩子遇到「壞叔叔」、「壞姨姨」這麼簡單，還有一部分來自孩子和家庭本身。家長不僅要幫助孩子樹立防範意識，更要重視在家庭關係中，父母對孩子的態度。就這個問題，我詢問過一些成年女性。以下是一個正面的案例，說明女孩子成長中，家長如何去幫助孩子建立性別安全意識。

年輕的姑娘小美說：「我小時候被一個男性長輩企圖強行抱抱，我堅決不從；這時我媽媽馬上出來嚴厲制止，而且告誡那個親戚『你要再這樣，以後不許到我家來！』」孩子的感覺是有一個強大的媽媽當後盾，心裏就很踏實。而且，有媽媽的態度做榜樣，她在成長的過程中，就能夠很堅決、很大方地和

男性保持一定的距離。同時，小美的爸爸也很注意和女兒的相處，在她 4、5 歲的時候，爸爸已經不允許孩子往他身上爬。爸爸會帶着女兒做一些勞作，讓女兒從爸爸身上學會生活技能。這樣，當小美踏入職場之後，既可以和男同事好好合作，又能夠和男同事保持工作的距離，獲得男性同事的尊重，也讓她的男朋友對她放心。

父親有責任教育孩子性別意識

很多遭遇異性觸摸私處的女孩，多是在 3~6 歲。這個年齡階段，孩子開始向父親認同。孩子從出生到 3 歲之間，需要在母親那裏獲得安全感和依戀的滿足；到了 3 歲，孩子的性別意識和獨立意識都開始增強。無論男孩還是女孩，在這個年齡，都開始向父親認同，覺得父親可以給予他力量，帶領他探索不一樣的遊戲世界，爸爸不像媽媽一樣關注孩子的吃喝，在孩子心目中，爸爸可以起到安全保護，是有力量的。

孩子在這個年齡階段很希望有一個親切、寬容、有能力的爸爸帶自己去玩。所以在這個時期，女孩會更親近爸爸。假如這個時期，女孩在父親那裏沒有獲得更多的關注、陪伴和引導的話，她會在身邊期待一個「替代」性質的爸爸。所以，女孩也會在這個時期，對男性少了一些防備，讓壞叔叔有可乘之機。所以，父親是需要負起更多的責任教育孩子性別意識的，並需要以身作則，和孩子保持一定的距離。

不要把焦慮情緒帶給孩子

如果孩子向家長告知，有異性摸了其隱私部位，家長要在第一時間冷靜判斷孩子的情況，不要急躁、不要緊張、不要把焦慮的情緒帶給孩子；如果家長的情緒失控，反而給孩子帶來更大的陰影，反而對孩子的心理健康適得其反。可以通過詢問，判斷孩子的訴求是甚麼。

比如，孩子只是跑過來輕聲説：「媽媽，有個叔叔摸了我小褲褲的地方。你不是説不可以讓別人摸的嘛……」這個時候，家長可以説：「是的，是不可以讓別人摸的，因為那裏是我們自己的私隱部位。但看起來你還安全，你希望爸爸媽媽怎麼做嗎？」這樣來澄清孩子的狀況，然後再決定怎麼做，或許孩子只是覺得需要告訴父母，尋求一下安全的保護而已。

假如孩子哭着來告狀，這時家長先安慰孩子，如果有條件，給孩子喝口水，再來詢問發生了甚麼。家長鎮定地澄清事情的經過後，也是要問孩子：「寶貝，有爸爸媽媽在，不怕啊！你現在感覺怎麼樣？需要爸爸媽媽怎麼做，你才覺得心裏最舒服呢？」先給予孩子一個態度上的支持。那麼視情況，或者以後遠離這個人，或者可以直接告誡這個人；但不要衝動，把對方激怒反而引來不必要的、更多的傷害。

被異性摸了私隱部位，本身並不可怕，可怕的是我們會放大傷害，放大我們的反應；而過度的反應卻會強化孩子的感受，以至於造成或放大孩子的心理陰影。

有能量的説話

發現孩子被異性摸了私處。可以回應：

平時可以在適當時提醒孩子：

💬「我們每一個人都有私隱部位的，這個部位是屬自己的地方，是不可以讓其他人觸碰的。」

💬「如果有人想摸你的私隱部位，你一定要拒絕，可以喊出來，而且要讓爸爸媽媽知道。」

如果發現孩子被人觸摸了私隱部位，家長避免反應過度，可以溫柔安慰：

💬「寶貝，有爸爸媽媽在，不怕！你現在感覺怎麼樣？如果不舒服就説出來啊！」

💬「媽媽知道你現在很不開心，沒關係，以後小心一些就好了。現在需要爸爸媽媽怎麼做你才會覺得好受一些呢？」

給孩子說一句
有能量的說話
85個溝通對話陪你講
◀ 7～14歲 ▶

著者
張濮

責任編輯
嚴瓊音

裝幀設計
鍾啟善

排版
陳章力、辛紅梅

出版者
萬里機構出版有限公司
香港北角英皇道 499 號北角工業大廈 20 樓
電話：2564 7511　　傳真：2565 5539
電郵：info@wanlibk.com
網址：http://www.wanlibk.com
　　　http://www.facebook.com/wanlibk

發行者
香港聯合書刊物流有限公司
香港荃灣德士古道 220-248 號荃灣工業中心 16 樓
電話：2150 2100　　傳真：2407 3062
電郵：info@suplogistics.com.hk
網址：http://www.suplogistics.com.hk

承印者
中華商務彩色印刷有限公司
香港新界大埔汀麗路 36 號

出版日期
二〇二二年一月第一次印刷
二〇二三年七月第二次印刷

規格
大 32 開（220 mm × 150 mm）